En døgnflues bekendelser

- livsfilosofi i 26 afsnit

Jakob Munck

En døgnflues bekendelser

- livsfilosofi i 26 afsnit

2015

© 2015 Jakob Munck - www.jamu.dk
Illustrationer lavet af forfatteren.
Version: 151201
Forlag: Books on Demand GmbH, København, Danmark
Tryk: Books on Demand GmbH, Norderstedt, Tyskland
ISBN: 9788771704471

Indhold

1. OM AT LÆRE

Kan et menneske lære af et andet menneske? Kan man lære af gamle mennesker? Kan andre lære af mine erfaringer? Kan man blive klogere af at lytte på mennesker, som har lavet fejl?

Her er en del spørgsmål som du kan tage stilling til. Jeg har ikke selv svarene på disse spørgsmål, men de står alligevel i min bevidsthed nu, når jeg er gået i gang med at skrive en bog om livsfilosofi. Ikke en biografi, for en sådan bog har jeg allerede skrevet. Jeg gider ikke underholde hverken dig eller andre mere med hvad der er sket i mit liv, og det jeg er i gang med nu er jo en form for lærebog. Og hvem gider lære at leve som et andet m menneske? Det er der ingen som ønsker, og jeg ønsker bestemt heller ikke at hverken du eller andre skal lære at leve som jeg har gjort det. For jeg har lavet masser af fejl, jeg har kedet mig rigtig meget, jeg har haft en masse kærester, jeg har kendt en masse mennesker, jeg har tjent en masse penge og jeg har haft en masse beundrere og en masse fjender.

Er det så godt eller dårligt, det ved jeg ikke. Det er på en eller anden måde, men denne måde er ikke den perfekte. På den anden side er den heller ikke så ringe, at jeg slet ikke kan tillade mig at fortælle andre om det. Jeg har trods alt 66 års livserfaring. Jeg har altså gået 66 år i livets universitet, og jeg mener at hovedreglen i dette universitet er den, at man lærer af sine fejltagelser.

Derfor vil jeg godt have lov til at prale en smule, og jeg vil prale med er mine fejltagelser. Dem har jeg lavet en masse af. Rigtig mange. Så mange at både du og andre vil sige, at jeg må være meget lidt talentfuld eller måske ubegavet, for jeg har ofte begået den samme fejltagelse flere gange. Jeg har dummet mig igen og igen, og ikke altid på nye måder. Ofte på den samme måde, som jeg dummede mig sidste år, så der er noget der tyder på at jeg er langsom til at lære.

Måske er jeg dum, det kan jeg ikke afvise. Jeg deltog engang i en intelligenstest og der fortalte psykologen mig, at jeg lå i toppen af det akademiske gennemsnit. Senere blev jeg testet hos Mansa og fik at vide, at jeg havde 128 i intelligenskvotient. Disse tal husker jeg, for de har spillet en stor rolle for mit liv. Jeg har hele tiden haft fornemmelsen af, at jeg havde gode evner og at jeg derfor kunne lave mange ting, hvis jeg virkelig satte mig som mål at lave dem. Men jeg er også klar over, at der ikke er nogen direkte sammenhæng mellem hvor intelligent man er og hvor god en præstation man laver.

Uanset hvad man arbejder med, så kræves der meget andet end intelligens. Det handler også om erfaring, de rigtige arbejdsredskaber, det rigtige miljø og - ikke mindst - den rigtige motivation. Uden motivation er altting umuligt, og ingen kan lave en god præstation noget som helst sted, hvis ikke han er motiveret.

Den bog du er i gang med at læse handler om hvordan man får succes i livet. Det handler om livsfærdigheder og om livsfilosofi og det handler om motivation. For hvis du ikke har motivation til at få succes i livet, så vil du heller ikke få det. Det kræver nemlig en indsats af dig at gøre de ting, som skal til for at du kan få succes og der kræves en indsats af dig for at få skabt de relationer til andre mennesker, som er nøglen i enhver fremgangsrig karriere.

Lad mig lige skrive nogle indledende bemærkning om det at få succes i tilværelsen. For det første, så mener jeg selv, at jeg har og altid har haft succes i tilværelsen. Det vil måske komme som en overraskelse for nogle af mine venner og min familie, hvis de læser dette, for jeg er ikke typen som går rundt og praler af, at jeg har fået succes. Snarere mener jeg at man bør holde den slags for sig selv. For succes, det er noget man ønsker at få for at gøre sit eget liv godt og for derved også at gavne og inspirere andre mennesker, som man lever sammen med´. At få succes i tilværelsen er det mest uegennyttige, som et menneske kan interessere sig for, for hvis du og jeg kan få succes i tilværelsen, så kan alle gøre det. Sådan sagde Harry Motor Jensen altid i sine foredrag, og jeg er helt enig.

Det kræver ikke særlige forudsætninger at få succes. Det handler om holdning og om at have viljen til at gøre sine holdninger til virkelighed. Som sagt, så er det det mest uegennyttige man kan gøre at stræbe efter at få succes, for intet lærer bedre end det gode eksempel, og hvis du kan få succes i tilværelsen, så kan alle andre også gøre det. Og hvis jeg kan få succes i tilværelsen, så kan du også.

Kan du se systemet? Hvis den ene kan, så kan den anden også. Gode vaner de smitter ligesom en sygdom kan smitte. Hvis et menneske ser dig gøre noget, som er til gavn for dig, så vil han forsøge at efterligne det, for at gøre gavn for sig selv på den samme måde. Vi lærer af at efterligne, så derfor er det største ansvar et menneske kan have det at være forælder, for ingen lærer hurtigere og mere end børn, og de lærer af deres forældre. De lærer ikke af det, som deres forældre siger, at de skal gøre og tænke og mene og rette sig efter. De lærer af det, som de kan se, at deres forældre selv retter sig efter. Det hedder kopi-indlæring, og denne læringstype er den mest almindelige overalt i verden. Mennesker lærer ikke af at gå i skole og på universiteter, de lærer af at se på andre mennesker og så efterligne. Går det godt, så fortsætter de med det møn-

ster, som de har lært, men går det dårligt, så søger de videre
for at finde en anden rollemodel.

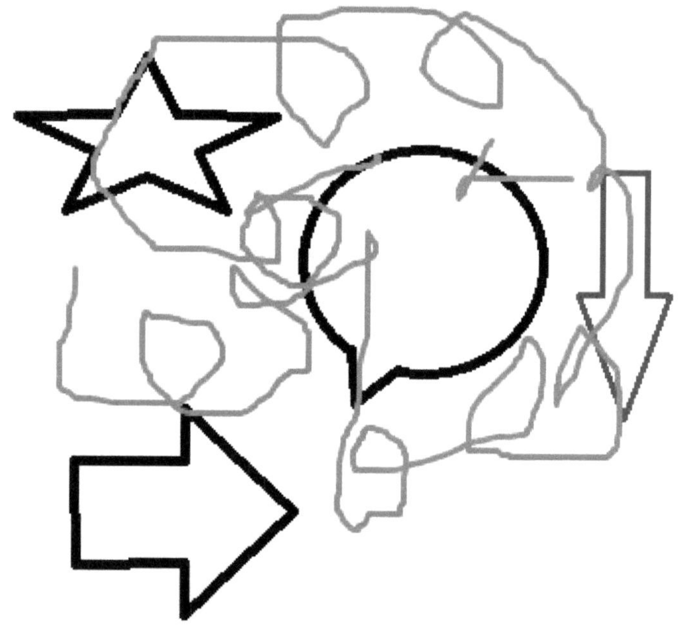

2. MENINGEN MED FIASKO

Hvor har jeg dog ofte haft fiasko. Og jeg er stolt af det. Hver eneste fiasko er jeg stolt af, så stolt at jeg foretrækker at skjule mine succeser og i stedet at fremhæve mine fiaskoer. Jeg har erfaret, at mennesker elsker at høre om fiaskoer, men at de ofte bliver mistænksomme og irriterede, når man fortæller dem om en måde eller et område, hvor man har haft succes.

På en måde er fiasko bedre end succes, for fiasko er vejen til succes. Mennesker elsker en taber, for når de ser og hører en taber, så kan de sammenligne sig selv med dette menneske og så kan de føle, a t de selv har gjort det rigtig godt, i forhold til taberen altså. Derfor er der grund til at sige, at tabere, de frelser verden. Vindere de gør verden dårligere, for jo flere vindere der er, jo sværere er det for dig og mig at gøre os bemærkede. For vi er jo ikke noget særligt. Vi er ikke særlig begavede, særlig kønne, særlig rige eller særlig populære. Vi er faktisk ikke rigtig noget, og derfor trives vi bedst, når vi står alene og ikke skal sammenligne os selv med andre.

Andre mennesker irriterer mig. Jeg har mange gange problemer med andre mennesker. Jeg bliver irriteret og jeg har lyst til at skælde dem ud, men så lader jeg alligevel være med at gøre det, for hvis man skælder mennesker ud, så bliver de jo sure, og hvem gider være sammen med sure mennesker?

Derfor vælger jeg alligevel ikke at skælde dem ud for mit liv er ikke særlig langt og jeg vil helst undgå at skulle bruge for meget af min tid på sure mennesker. Det er nok at jeg selv er sur, hvis jeg også skal være sammen med andre sure mennesker, så bliver det simpelthen for meget. Så gider jeg bare ikke mere, så bliver jeg træt og har lyst til at trække mig helt tilbage til et andet rum, et andet sted eller et andet fælleskab.

Tag ikke fejl. Selvmord har jeg aldrig spekuleret på. Det er kun dumme mennesker, som tager deres liv. Ja, det mener jeg. Det er kun dumme mennesker, som tager deres liv. For der er altid en bedre løsning end det at flygte, og når man tager sit eget liv, så er det fordi man ønsker at flygte. Flygte fra livets udfordringer, fra de andre dumme mennesker, som jeg har fortalt om eller fra de vanskelige opgaver, som man ikke tror at man kan løse.

Mennesker som flygter, er ikke særlig kloge, det men er jeg, for det som de flygter fra er netop det, som kunne blive deres redning. Det svarer til en mand som ligger på havet og er ved at drukne. Så kommer der en båd, som vil samle ham op, og netop samtidig med at han får øje på denne båd, så holder han op med at svømme og går derfor til bunds. Han drukner fordi han gav op, netop på det tidspunkt, hvor hjælpen var på vej og netop på det tidspunkt hvor det han havde ventet på var lige ved at ske.

Jeg har ikke megen respekt for selvmordere, for de flygter i virkeligheden fra det at lære. Og livet handler om at lære, det handler ikke om særlig meget andet. Vejen er alt og målet er intet, var der engang en mand som sagde, og jeg tror at dette visdomsord rummer en vigtig sandhed. Der eksisterer ikke en særlig tilstand, en statisk livsform, som kan defineres som værende lykke. Der eksisterer kun mennesker, som er på vej mod noget bedre, og sådan et menneskeer jeg selv.

Når man tager sit liv, så er det fordi man er bange for at lære, for alle de stakkels selvmordere de har stået overfor en udfor-dring, som de ikke kunne løse og så valgte det at flygte i ste-det for at forsøge en gang mere. De var bange for at få et ne-

derlag mere. Og jeg forstår dem på en måde. De ønsker ikke
at få flere nederlag. Hvem ønsker det? Ingen bryder sig om
nederlag.

Men måden man undgår nederlag på er ved at blive klogere
og derved finde nye måder at løse problemerne på. De gamle
metoder var åbenbart ikke gode nok, og man er nødt til at fin-
de på noget nyt. Det hedder at lære, og det at lære er kernen i
et meningsfuldt liv. Det handler ikke om at befinde sig på en
særlig adresse eller at kunne fremvise fotografier af noget
stort, som man engang har præsteret. Det handler om at søge
mod noget, som er bedre end det foregående.

Og den måde man lærer på det er ved at lave fejltagelser. Der-
for er selvmordet en flugt fra indlæring, snarere end at det er
en hensigtsmæssig reaktion på at tingene er blevet ubehageli-
ge. For hvorfor er tingene blevet ubehagelige? Der er en år-
sag, og det burde være muligt or dig at finde den. Ellers må
du bare gætte hvad årsagen kan være og forsøge dig frem.

Jo flere fejltagelser du- laver, jo flere muligheder har du for at
få ideer til hvordan dit næste eksperiment skal udføres. En fejl
gør dig klogere. Men den er også med til at gøre dig til et me-
re morsomt og underholdende menneske i forhold til andre,
for intet er så morsomt som fejltagelser.

Har du lagt mærke til hvad folk griner af, når de hører skue-
spillere og komikere optræde på teatrene og de små standup
scener? Det de griner af er de fejltagelser, som kunstneren
fortæller om. Den mest populære figur i et stykke er altid
ham, som gør de fleste fejltagelser, for ham kan alle identifi-
cere sig med. Derfor er fejltagelsen vejen til popularitet og
gode venner, men den er også vejen til lærdom, for hver gang
du- har lavet noget forkert, så ved du lidt mere om, hvad du

skal gøre for at det kommer til at lykkes næste gang.

Det fortælles at Edison lavede 10.000 eksperimenter før han fandt måden at lave en glødelampe på og det kan man sagtens sammenligne med dit og mit liv. Vi skal lave 10.000 fejltagelser før vi finder den rigtige måde at lave tingene på. Fejltagelserne er vejen til visdom, til succes og til det gode liv. Derfor er det uklogt at flygte eller at tage sit liv, fordi man begår fejltagelser. Man skal i stedet takke Gud, den store skaber, for at han har gjort det muligt for os at lave disse fejltagelser. For fejltagelser er vejen til succes. Forstår du?

3. AT BEKENDE SINE SYNDER

Nøglen til succes er fejltagelsen, synden, grimheden, dumheden og manglen på evner. Det er udnyttelse af disse egenskaber, som får et menneske til at stråle og som får andre mennesker til at synes, at man er interessant. Et menneske, som tør bekende sine synder, som tør tale om sine fejltagelser, fortælle om sine manglende evner og om sine dumheder i fortid og nutid, et sådan menneske er interessant og et sådant menneske vil alle gerne være sammen med. Det handler om at bekende sine synder, for det er gennem disse synder, at man bliver ren.

Renhed er noget som opstår, når en ting har været snavset og derefter bliver gjort ren. Der er ting, som er født rene, ja det er de fleste ting måske. Et barn er født uden synd, vil mange sige, men der går ikke lang tid, før det begynder at gøre det forkerte. I følge den katolske kirke kan man begynde at skrifte, når man er 12 år, altså når puberteten er ved at starte. Ikke fordi det er den alder at det seksuelle begynder at spille en rolle, men fordi det er i den alder, at det begynder at give mening for et menneske at skelne mellem godt og ondt. Det handler om at gøre det gode og at undgå at gøre det onde, det er indlysende.

Men hvad gør man, når man nu alligevel har gjort det forkerte og når man har syndet? Hvad gør man hvis man har gjort det, som man ikke vil have at andre gør, men som man så alligevel selv har gjort, mere eller mindre med sin frie vilje?

Svaret er ikke let, for der er dels tale om det, som vi har en tendens til at gøre, og så er der det, som vi - ideelt set - *skulle* gøre. Der er en forskel mellem gør og bør, som vi kender det fra så mange andre steder. Vi gør det ene samtidig med at vi råder andre til at gøre noget andet. Vi følger ikke vores egen opskrift og vi tager ikke vores egen medicin.

Vi er måske ikke helt troværdige som samtalepartnere, når vi er i denne situation, for der er forskel mellem det vi tror på og det vi siger, at vi tror på. Måske lyver i ikke direkte, men vi siger heller ikke sandheden.

Nøglen til sandheden og det gode liv er skriftemålet. Det er den handling at bekende sine synder, og det behøver bestemt ikke at være til en præst.

Hvis du har gjort noget forkert, så er det bedste du kan gøre at bekende denne synd til det menneske, som du har handlet forkert i forhold til. Det er en rigtig dårlig ide at bekende sin synd til en præst, hvis dette skriftemål bliver til en erstatning for det skriftemål, som virkelig har betydning, nemlig det du skal aflægge til det levende menneske, som du har handlet forkert imod.

Nogle mennesker tror, at de kun kan bekende deres synder i forhold til Gud, hvis de snakker med en præst, men det er jo noget sludder. Man kan selvfølgelige lige så godt nøjes med at tænke tanken, at fortryde sin handling i stilhed eller at bekende den i forhold til det menneske, som handlingen, ordene eller tanken har været til skade for.

Det giver en fantastisk lettelse at bekende sin synd, men man skal huske, at det ikke er nok at bekende. Du skal også forsøge at gøre det onde, som du har gjort, godt igen.

Måske kan det ikke lade sig gøre, men så må du forsøge at handle kompenserende, således at du gør noget godt i en eller anden sammenhæng, som opvejer det onde, som du mener at have gjort.

Én ting som slet ikke duer er den teori, at mennesket ikke kan handle moralsk. Det er en udbredt luthersk og psykologistisk vrangforestilling, at et menneskes handlinger ikke har noget moralsk indhold og ikke har nogen moralsk værdi, fordi man handler sådan, som man nu er blevet opdraget til eller sådan som den (onde) Gud har forudbestemt at man skal gøre.

Tror man på den "trælbundne vilje", som Luther kaldte sin grundlæggende lærebog, så giver det hele sikkert mening. Så er ingen handling mere ond end andre, og så er der ingen grund til at skrifte, for hvad skal man så skrifte? Man kan jo ikke skrifte at man lever, for det er en banalitet, og hvis man skrifter til Gud, så må man formode at denne Gud godt ved i forvejen at man lever, så det behøver man ikke at fortælle ham.

Nej, forståelsen af det moralske er forudsætningen for skriftemålet og forståelsen af skriftemålet er forudsætningen for det gode liv. Der findes ikke noget godt liv, der hvor mennesker er tynget af skyld eller der hvor mennesker skal bruge energi på at bilde sig selv og andre ind, at de ikke har gjort det ene og andet, som de godt ved er forkert, men som de helst ikke vil indrømme, at de har ansvar for.

Alle mennesker synder, men alle mennesker har ikke det realistiske og særdeles sunde synspunkt til fælles, at synden skal håndteres på samme måde som alle andre urenheder i ens legeme. Synden er en del af det åndelige legeme, og vi ved hvordan vi behandler urenhed i vores fysiske legeme. Vi vasker os, vi beder om at blive skyllet ren på den ene eller anden måde, således at urenhederne på vores hud og i vores fordøjelsessystem de forsvinder.

Men der er også urenheder i vores åndelige legeme. Urenhed er ikke kun en fysisk tilstand, det er også en åndelig, spirituel tilstand, og denne tilstand optræder, når vi er tyng et af skyld og har dårlig samvittighed.

4. DET ÅNDELIGE LEGEME

Hvad er det åndelige legeme og hvad kan man bruge det til? Eksisterer det åndlige overhovedet? Er der tale om religiøs overtro eller er der tale om videnskabelige fakta? Det er alt sammen noget, som mange mennesker spørger sig selv om og jeg er et af disse mennesker. Måske ville det være lettest at være ateist, for de benægter jo simpelthen at der eksisterer andet end det, som man kan se og føle og veje sig frem til. De tror kun på det, som man kan registrere på en kvantitativ måde, og som man kan sætte tal på. De kan lide fysiske legemer fordi man kan måle dem i højden og bredden og fordi man kan lokalisere dem i forhold til andre fysiske legemer sådan at man beskrive det enelegeme som værende så og så langt væk fra det andet. De kan også godt lide strøm, for man kan måle strømmens styrke i volt og ampere og man kan beskrive strømmens styrke med tal, som angiver at den ene strømkilde er stærkere end den anden.

Men det åndelige kan ikke på samme måde måles og vejes og derfor er der mange, som mener at det slet ikke eksisterer.

Selv tror jeg aldrig at vi vil blive i stand til at måle og veje det åndelige, men det er ikke fordi at det ikke eksisterer, det er fordi at det åndelige er en del af os selv og dermed at vi er begrænset af de samme egenskaber, som vi forsøger at måle. En computer kan ikke analysere kapacitet og virkemåde af en anden computer, hvis ikke den første er større og stærkere end den anden. Det er et videnskabeligt faktum, som svarer til det faktum, at en myre aldrig kan få den samme forståelse af et menneske, som et menneske kan få af en myre. Alting er ordnet i hierarkier, og et lavere væsen kan aldrig forstå eller styre et højere væsen, men det modsatte er i høj grad muligt.

Derfor vil vi aldrig kunne forstå vores egen ånd, for vi er selv identiske med denne ånd og vi er selv styret af denne ånd. Hvis en myre har en ånd, så vil vi formentlig heller aldrig fuldt ud kunne forstå denne ånd, for selve begrebet ånd er så uhåndterligt, at vi ikke rigtig kan finde måder at operationalisere det på eller at måle dets omfang og virkemåde.

Den sikreste måde at konstatere eksistensen af ånd er den at se om en genstand er levende. Er den levende, så har den en ånd, også selv om denne ånd kan være meget forskellig afhængig af om den befinder sig i en plante, en myre eller et menneske. Planten, myren og mennesket er alle levende fænomener, biologiske fænomener, og derfor har vi alle en form for ånd. Men den ånd, som vi mennesker har, er meget mere avanceret end den ånd, som styrer en plante eller en myre.

Ånden er en del af vores intelligens og et menneske er meget mere intelligent end en myre og en plante kan være det, så derfor er vores åndlige kapacitet også større. Ikke sådan forstået at vores ånd fylder mere, for det ved vi intet om. Ingen har nogensinde kunnet lokalisere en ånd i fysisk forstand, og selv om mange har forsøgt, så har de forsøg på at gøre det, som spiritister og andre har eksperimenteret med, aldrig lykkedes. Eller også har der direkte været tale om svindel, som er udført af mennesker, som tror at de gør gavn i verden ved at bilde folk ind, at de kan bevise det åndeliges eksistens ved pseudovidenskabelige forsøg og demonstrationer.

Vi husker i den forbindelse det danske spiritistiske medium Svend Türk (1897-1954), som hævdede at han kunne se ånder i fysisk form og som hævdede at han kendte forskellige spiritistiske medier, som kunne fremkalde disse ånder og lade dem svæve rundt i lokalet og udføre forskellige mærkværdige

øvelser medens de blev fotograferet af Svend Türk, som var
en af sin tids førende fotografer.

Men det hele viste sig at være svindel. Hans medier kunne ik-
ke stå for en kritisk undersøgelse, som nogle af datidens fø-
rende læger udsatte dem for. Det viste sig, at der var tale om
manipulation og bedrageri og de såkaldte medier, som Türk
havde anvendt, valgte alle at trække sig tilbage. Afsløringerne
blev for pinlige for dem, og de meddelte deres troende til-
hængere, at ånderne nu havde besluttet at forlade dem fordi
der var så megen mistro blandt publikum. Og det havde de
nok ret i. De færreste gider jo bruge penge på at få adgang til
et trylleshow, når det de har ønsket er at få en autentisk kon-
takt med kræfterne i den åndelige verden.

Problemet med den åndelige verden er, at ingen nogensinde
har kunnet forklare på overbevisende måde om, hvordan den
er skruet sammen. Hvordan ser der ud? Kan man se farver?
Har vi de samme legemer som nu? Er der forskel på mænd og
kvinder? Er der et socialt hierarki i himmeriget, lige som der
er i denne verden?

Spørgsmålene er mange, når diskussionen falder på det ånde-
lige rige, og mange vælger i dag at drage den konklusion, at
det nok slet ikke eksisterer. Og jeg forstår den tankegang, som
jeg også selv kunne føle mig fristet af, hvis det ikke var fordi
jeg ville have svært ved at leve med den tomhed, som ateis-
men og materialismen fører med sig.

Jeg bekender mig derfor til den tro, at Gud og det åndelige er
virkelige realiteter, men at vi aldrig vil kunne se og forstå de-
res væsen. Det er et spørgsmål om at tro og ikke et spørgsmål
om at kunne bevise. For ingen vil nogensinde kunne bevise
Guds eksistens eller eksistensen af den åndelige verden.

Beviset på at det åndlige eksisterer er livet selv. Der er en forskel mellem det, som lever og det som ikke lever. Og hvad er denne forskel? Der er jo ikke nogen fysisk forskel på det levende og det døde, for døden kan indtræffe på et øjeblik, og i dette øjeblik forandrer en organismes kemiske og biologiske sammensætning sig ikke væsentligt. Men alligevel sker der noget, nemlig det, at det pågældende menneske eller dyr dør. Der må altså mangle noget i den døde organisme, som ikke mangler i den levende organisme. Og det som mangler, det er sjælen. Når sjælen forlader et levende legeme, så dør dette legeme. Det levende er identisk med det ikke levende, bortset fra at det levende er besjælet.

5. ER DØDEN EN FORDEL?

Døden er når sjælen ikke længere er i legemet og legemet derfor er afsjælet og uden evne til selv at bevæge sig. Den døde krop og den døde plante er uden liv og kan ikke vokse eller vise sin vilje. Den kan ikke bevæge sig mod en bestemt position eller et bestemt sted, som den anser for bedre end det tidligere. Det at dø er det samme som at miste sin vilje og døde mennesker har derfor ingen indre kraft. De har ingen vilje og de har ingen ånd. Viljen sidder i ånden.

Men er det en fordel eller en ulempe, at man skal dø? Set ud fra et succesmæssigt synspunkt, så er det en ulempe at man skal dø, for det betyder at man har en begrænset tid til at nå sine mål. Hvis man levede evigt, så kunne man forsøge igen og igen at gøre det rigtige og at leve på den rigtige måde, og der ville slet ikke være nogle begrænsninger. Det ville betyde, at man kunne forsøge en uendelighed af gange og før eller siden ville det måske lykkes. Men vi ved det ikke, for der ville måske ske det, at man helt mistede lysten til at opnå lykken fordi der hele tiden var mere tid tilbage, som også skulle leves på en eller anden måde. Og når lykken ikke er en tilstand, men derimod en proces, så er der grund til at tro, at et uendelig langt liv ville medføre at vi mistede noget af gnisten til at kæmpe for det gode. Hvorfor overhovedet forsøge at opnå det gode, når der nu ikke rigtig er noget på spil? Hvis alle lever evigt, så er der jo ingen risiko for at vi skal blive syge eller komme til skade, for livet fortsætter under alle omstændigheder. Men noget liv er selvfølgelig bedre at leve end andet og hvis vi levede evigt i denne verden, så ville vi nok være meget optaget af at skabe en sådan situation for os selv, at vi kunne føle os lykkelige.

Hvis jeg skal være ærlig må jeg sige, at jeg slet ikke kan over-
skue denne problemstilling, og derfor vil jeg forlade den uden
at være færdig med mine spekulationer. Jeg er ikke sikker på
om mine tanker har en særligt værdi eller om det bare er
ordspind, som man hverken bliver klogere af eller føler sig
godt underholdt ved at læse, så jeg vælger at stoppe.

Jeg tror på en måde at døden er fordel, for den bringer os over
i en anden tilstand og i en anden verden, og i denne verden er
alting måske bedre end det er her og nu. Jeg ved i hvert fald,
at hvis vi ikke døde, så ville vi heller ikke være så bange for
at gøre det forkerte, for så ville vores handlinger ikke kunne
have de samme alvorlige konsekvenser.

Jeg holder meget af den katolske tankegang, som siger at et
menneskes største festdag er den dag, hvor det dør. For det er
på den dag at det bliver optaget i Himmelen eller at det indle-
der den rejse, som skal føre det til Himmelen. Og da Himme-
len er endestationen for alle mennesker, så er det en stor dag,
når man indleder sin rejse til dette sted og sin optagelse i dette
Guds rige, som er bedre end alt, hvad vi kender i denne ver-
den.

Katolikkerne fejrer deres helgener på den dag, hvor de døde.
Ikke, som protestanterne, på den dag, hvor de blev født. For
katolikkerne er døden ikke en katastrofe, det er en uundgåelig
overgang mellem livet i denne verden og livet i den næste.
Det er en overgang, som vi alle kan se frem til, også selv om
vi ikke ligefrem glæder os til den. For vi er alle kaldede til at
leve, så godt vi kan i den verden vi lever i, og selv om vi ved,
at vi skal dø og at alle vores handlinger derfor sker ind i en
verden, hvor vi ikke selv vil være til stede en gang i fremti-
den. Alligevel er vi kaldede til at gøre det gode for os selv og
andre mennesker.

Døden er det perspektiv, som vi alle har. Det er den demokratiske institution, som gør at livet alligevel er retfærdigt, for uanset hvor rig og klog og sund og populær du er, så kommer du alligevel til at dø. Døden stiller den rige og den fattige lige og gør at de begge kan se frem til det samme perspektiv for deres tilværelse. De vil forsvinde og de vil blive glemt.

På en måde så elsker jeg døden, for døden er en dør til evigheden. Jeg kan godt lide at besøge kirkegårde og jeg har det godt i de kirker og gravkældre, hvor man ser knogler fra tusinder af mennesker, som er blevet begravet netop på dette sted. Sådanne kirker og kældre finder man i udlandet, i Paris og i Rom, og jeg kan godt lide at besøge de kirker, hvor man dyrker denne form for dødsmeditation.

Jeg er katolik og jeg opfatter den katolske kirke som en dødsfabrik. Det er en religion, hvor man gennem de daglige og ugentlige messer øver sig på at dø og hvor man ser sig selv som værende del af et større fællesskab, som rummer både de levende og de døde.

Kirken er en helhed, som har grene i Verden, i Skærsilden og i Himmelen. I de to sidste rum befinder de døde mennesker sig i en tilstand, som ikke kan forstås eller forklares af os som lever i verden, men det betyder ikke at de døde ikke eksisterer. De lever på deres egen måde og føler og tænker på deres egen måde. Og vi kan kommunikere med dem gennem bøn og meditation, hvis vi ønsker det. Vi kan derfor bede Jomfru Maria og alle de andre helgener om at gøre den ene eller anden tjeneste for os. Måske så gør det ikke den store forskel, men vi ved det ikke. Vi føler i hvert fald at det hjælper, det ved jeg fra mit eget liv og fra min egen erfaring. De døde er med til at berige mit liv, og det gælder ikke for den engang døde, men

opstandne og stadig fuldt levende Jomfru Maria, som jeg el-
sker højt.

6. MARIA, GUDS MODER

Maria er en ikon for mig. Hun er en åndelig figur, som jeg beundrer og som jeg bruger til at identificere mig med og som jeg sætter i sammenhæng med andre kvinder, som jeg har kendt. De to vigtigste kvinder jeg har kendt er min mor og mit barns mor. Begge var de intelligente og kønne og begge holdt de meget af deres børn. Men der er mange andre forskelle mellem dem, og ingen af dem vil jeg sætte identisk med Jomfru Maria. Men der er ingen kvinder, som er identiske med Jomfru Maria, for hun er en ikonisk figur, et idealbillede og en åndelig idealfigur. Hun er et objekt at bede til og en figur, som man kan bruge i sine meditationer.

Nogle mennesker elsker at læse passager fra bibelen, hvor Maria optræder, og så kan de ud fra dette forestille sig at de selv befinder sig i tilsvarende situationer og spekulere over hvordan de ville reagere og hvordan de ville tænke, hvis det havde været dem.

Tænk på den berømte scene, som Michelangelo har afbildet i en fantastisk figur, som står i Peterskirken. Den forestiller Jomfru Maria med sin døde søn i skødet. Pietas kalder man den. Medlidenhed, medfølelse.

Hvordan ville du have det, hvis du var i den samme situation? Hvordan ville du have det, hvis du sad med dit døde barn i skødet? Tanken er frygtelig og Maria må have lidt så forfærdeligt, at det ikke kan beskrives med ord. Derfor er Maria en god figur at identificere sig med, for hun kender den lidelse, som de fleste af os kommer til at opleve før eller siden.

Maria er, for mig, også et billede på kvinden, som lytter og som elsker. Kvinders magt er i høj grad baseret på deres evne til at afspejle manden og hans tankegang, også selv om kvinder måske aldrig rigtig forstår denne tankegang.

Kvinder forstår ikke mænd og mænd forstår ikke kvinder. Sådan skal det være. Kvinder er skabt til at være tilpasset mænd, for det er forudsætningen for at de kan få børn. De smukkeste og dygtigste kvinder i verden er dem, som er i stand til at styre en familie med mand og børn, og forudsætningen for at dette kan lade sig gøre er, at hun forstår og afspejler manden, som er den stærkeste og den mest vanskelige person i familien. For han søger altid mod nye oplevelser og han tiltrækkes altid af nye kvinder. Han er ikke nødt til at være monogam og har derfor - biologisk set - en større trang til at formere sig, også i en højere alder.

Mænd er mere asociale end kvinder, det er min opfattelse. Til gengæld er kvinder mere intelligente end mænd, mener jeg, for de har en social intelligens, som man sjældent finder hos mændene. Det er nemlig nødvendigt for kvinderne at være socialt intelligente, for ellers kan de ikke opdrage børnene.

Der er ikke brugt for en mand på samme måde som der er brug for en kvinde, så manden behøver ikke at have de samme sociale anlæg, og han har dem heller ikke. Derfor tillader jeg mig at kalde kvinden for mere intelligent end manden, for intelligens er i høj grad en målestok for sociale evner. Den, som ikke kan fungere socialt, kan ikke bidrage til fællesskabet i samme grad som den, der har sociale evner. Og den, som ikke kan fungere socialt, vil langt oftere føle sig til overs og alene uden social kontakt, og disse følelser er ødelæggende, ikke kun for livskvaliteten, men også for helbredet. Derfor lever kvinder længere end mænd. Deres sociale færdigheder er større, og de er derfor også mere intelligente end mændene.

Når jeg skriver dette har jeg en dårlig fornemmelse. Jeg vil meget nødig gentage mig selv eller bevæge mig ud i banaliteter. Jeg er ikke ude på at skamrose kvinder, for det mener jeg ikke der er grund til. Kvinder er, som de nu er, og det samme er vi mænd. Men jeg kunne ønske at vi alle ville få et mere naturligt forhold til vores egen identitet, forstået sådan at vi mænd kunne blive bedre til at anerkende vores specifikke kvaliteter og at kvinderne tilsvarende blive bedre til at anerkende og værdsætte de kvindelige kvaliteter.

Det er som om nogen mener, at kønnene skal være ens. Det man kalder for ligestilling har alt for ofte rigtig meget at gøre med at blive nivelleret. Mænd skal være som kvinder og kvinder skal være som mænd, det er desværre et af resultaterne af de sidste 50 års kvindefrigørelse. Og denne frigørelse har desværre ikke medført, at kvinderne er blevet mere frigjorte eller lykkelige, men de er blevet i stand til at indtræde på arbejdsmarkedet på linje med mændene. Og det er sikkert til stor glæde for virksomhederne, men er det nu også til glæde for mændene og for børnene? Det er jeg ikke helt sikker på.

Jomfru Maria er også derfor et godt ideal for kvinderne, for Maria havde ikke lønarbejde og var ikke væk fra familien for at dyrke sin egen karriere. Hun så sin opgave som værende det at opdrage sin søn og at passe sin familie, og disse to ting gjorde hun perfekt. Bedre og smukkere kan en kvinde ikke blive. Jomfru Maria er ikke Gud, men hun er tæt på.

7. HVORDAN SKAL MAN TJENE PENGE?

Penge, hvad er det? Penge er et udvekslingsmiddel, som mennesker op gennem al historie har brugt til at udveksle varer og goder med hinanden. Penge er et udtryk for det, som man ellers kunne kalde for en almen ækvivalent. Altså en enhed, som man kan måle alle andre enheder i og derved fastsætte deres værdi. Om denne almene ækvivalent er køer, korn, guld, krydderier eller pengesedler er ligegyldigt, bortset fra at der sker noget helt særligt, når den almene ækvivalent bliver til pengesedler. For så sker der det, at dem som trykker og udsteder disse pengesedler, får friheden til at trykke flere sedler og dermed til at udvide sin egen formue uden at yde at reelt stykke arbejde. De som kontrollerer vor tids Dollar har derfor en stor frihed. Måske lidt for stor. De kan bare trykke nogle flere sedler, så har de forøget deres egen købekraft og så kan de sætte sig i besiddelse endnu flere goder end de har i forvejen.

De bedste almene ækvivalenter er dem, som er understøttet af reelle værdier, f.eks. af guld eller andre værdier, som ikke forsvinder og som ikke kan fremstilles i uendelig mængde uden de store omkostninger.

Men hvad har denne snak om penge med dig og din succes som menneske at gøre?

Måske ikke så meget, men alligevel en del. For det første kan du risikere at hele din formue forsvinder, eller at den bliver kraftigt formindsket, hvis det internationale finansmarked bryder sammen. Og det er der ingen som kan garantere os mod at det gør. Vi havde jo et sammenbrud i børserne i slutningen af 20'erne i Tyskland og det samme kan ske i dag, hvor hovedcenteret for en sådan katastrofe vil være USA.

Hvis finansmarkedet i USA bryder sammen, så vil det have dramatiske følger for alle os, som lever i lande, hvis økonomi er tæt vævet sammen med den amerikanske. Vores økonomi vil nemlig også bryde sammen og konsekvensen vil være kaos og borgerkrigslignende tilstande.

Du kan selv gætte hvad der sker, når mennesker ikke mere kan hæve penge i automaterne, når man ikke længere kan købe varer med sine betalingskort og når man mister sit job og staten ikke har råd til at udbetale social bistand.

Hospitalerne vil lukke og der vil udbryde panik og borgerkrigslignende tilstande. De, som er bedst stillet, vil være dem, som har planter i deres have, som de kan leve af, eller dyr, som de kan slagte. Folk i landbruget vil være bedre stillet end dem, som bor i byerne. Landbruget vil nemlig blive en væsentlig ressource, men det betyder også at landmændene må beskytte sig for ikke at blive røvet. Det vigtigste at have vil derfor være et våben, for det vil være de stærkeste som overlever. Du skal kunne forsvare dig selv og dine værdier, ikke mindst hvis der er tale om spiselige grøntsager og andet, som en stadig mere sulten mængde af desperate mennesker vil gøre alt for at få fat i.

Der vil uden tvivl blive indført militær undtagelsestilstand meget hurtigt, men det hjælper jo ikke noget, når folk ikke har noget at spise. Man kan ganske vist skyde dem, som forsøger at plyndre supermarkederne, men det nytter ikke, for før eller senere vil de være tømte alligevel og det vil være meget svært at få nye varer ind. Betalingssystemerne vil ikke virke, og leverandørerne vil kun sælge mod kontakt betaling, og denne

kontante betaling skal muligvis erlægges i guld. Pengesedler
er der ingen, som stoler på mere.

Tænk dig denne situation, som jeg ikke håber at du kommer
til at opleve. Men det kan ske. Og det vil ske, hvis pengemar-
kedet bryder sammen, eller hvis der udbryder en 3. Verdens-
krig. Så vil hele vores eksistens være truet og de økonomiske
systemer, som den vestlige økonomi hviler på, vil være ude af
stand til at sikre os mod kaos og hungersnød.

Men lad os nu lige stoppe et øjeblik. Hvad er formålet med at
ridse disse dystre perspektiver op? Er det fordi jeg tror, at der
vil ske et økonomisk sammenbrud eller fordi jeg tror, at den
tredje verdenskrig vil starte indenfor overskuelig fremtid?
Faktisk, så kender jeg ikke selv svarene på disse spørgsmål,
for jeg er i tvivl. Men jeg tror at vi må gennemtænke vores
forhold til penge, og forsøge at få en anden holdning til de
ting, som vi i kan købe med penge.

Det gælder for os alle, at vi skal tænke over det materielle og
forsøge om vi ikke kan gøre os mere uafhængige af d fysiske
goder.

Bliver mennesker virkelig mere lykkelige af at eje en masse
ting eller bliver man i virkeligheden bare mere afhængig og
dermed ulykkelig? Er det rigtigt, at man kan blive glad ved at
købe noget, og hvis man ikke bliver god nok, så er den bedste
kur at købe noget mere? Er det rigtigt, at det næste man køber
helst skal være dyrere og mere sjældent end det tidligere og at
det gælder om at købe ting, som man kan vise frem for ven-
nerne og prale over til sine forretningsforbindelser?

Nej, det materielle i sig selv er ikke vejen til lykke. Der er
lande, som er en del rigere end Danmark, men alligevel er vi

kendt som et af verdens mest lykkelige folkefærd.

Der er også masser af eksempler på at rige mennesker ikke nødvendigvis er lykkelige. Når de er blevet rige, så er det fordi de har stræbt mod at blive indehavere af nogle materielle goder, så som hus, bil, båd, sommerhus etc. Men når de har opnået disse goder, så finder de ud af, at de nu ønsker sig nogle endnu dyrere goder, og sådan bliver det ved.

Den, som slet ikke ejer noget, er ofte mere fri en den, som ejer en masse. Frihed er det ikke at have noget at tabe, så dem der intet ejer, er også i en vis forstand de frieste mennesker i verden. De har intet, som de skal passe på og intet de kan frygte at miste, men forhåbentlig har de nogle andre værdier.

Selv om man er materielt fattig kan man godt være rig på andre måder. Man kan have en god familie, en sød kone og nogle dejlige børn. Det er også en form for rigdom, som måske er meget mere værd end den rigdom, som kan måles i penge.

8. SÅDAN FÅR DU SUCCES

Det hele er ganske simpelt. Du skal gøre sådan, som din far og mor og dine skolelærere og din socialrådgiver og din psykolog og dine venner og alle dine rådgivere fra TV og fra det virkelige liv har fortalt dig. Det er super simpelt at få succes, du skal bare gøre sådan, som du altid har fået at vide. Det hele er rigtigt og det eneste der mangler er, at du retter dig efter det. Jeg vil foreslå at du gør som jeg, starter et kursus for andre mennesker, hvor du lærer dem det, som du godt kunne tænke dig selv at kunne. Det kan dreje sig om livsfærdigheder eller hvad som helst. Metoden er den samme.

Du starter med at skaffe 3-4 elever til det første kursus og du skriver naturligvis et manuskript til hvad dette kursus skal indeholde. Det behøver ikke at være detaljeret, men det skal bestå af et antal punkter, som giver læseren det indtryk, at du har mere eller mindre tjek på det område, som du skal undervise i. Det ved du godt selv, at du ikke har, men det gør ikke noget. Du deltager, som lærer, i det første kursus med det samme motiv som eleverne deltager med, nemlig at lære det, som kursusbeskrivelsen lover. Vi forestiller os, at der er tale om livsfærdigheder eller en slags brugsvejledning i brug af tilværelsen, hvis man skal føle at man har succes.

Succes er jo et uklart ord. Der er nogle som mener, at succes kræver en vis indtjening og andre mener, at det slet ikke har noget med penge at gøre. Nogle mener at det har noget med kærlighed og ægteskab at gøre medens andre mener, at man bliver mest lykkelig uden disse emotionelt krævende relationer. Nogle mener at succes er noget, som andre tildeler en, og at man derfor først og fremmest skal lede efter oplevelsen af succes i et menneskes forhold til sine medmennesker. Andre mener at begrebet succes bedst realiseres helt uden kontakt med andre mennesker, for når man har kontakt med andre mennesker, så opstår der altid en form for konkurrence og så vil nogle af disse andre mennesker se en fornøjelse i at nedgøre ens resultater for at forhindre at man føler sig mere glad og lykkelig end de selv gør.

Menneskers jalousi er en stor forhindring i vejen til lykke, for når mennesker skal hjælpe hinanden, så er det til stor gene, hvis de ikke kan samarbejde. Hvis mennesker lægger mere vægt på at de klarer sig bedre end andre end på det, at de klarer sig godt i det hele taget, så har man et problem. Så bliver samarbejdet ødelagt og de mennesker, som er afhængige af dette samarbejde, får deres personlige muligheder ødelagt. Og det er netop det som sker, når vi møder jalousien. Den ødelægger samarbejdet og den forvrænger menneskers syn på sig selv og andre og den ødelægger vores evne til at samarbejde og at se det fælles mål, som værende hævet over vores indbyrdes stridigheder.

Jalousi er dræbende for alt godt, og det er derfor en nødvendighed at finde ud af, hvordan den holdes nede eller begrænses til et minimum.

Succes handler om at have et mål og at stræbe mod det. Kunsten at sætte et mål og at bevare fokus på dette mål, det er en forudsætning for at man kan få succes. Det handler ikke om hvad målet er og det handler ikke om, hvorvidt man når målet eller ikke når det. Det handler om at bevæge sig fra én situation til en anden, fra et udgangspunkt til en sluttilstand, og når man har nået denne sluttilstand, så gælder det om snarest at komme videre, for det som var sluttilstanden for en vis del af projektet bliver til begyndelsen på en anden del af projektet. Det handler om bevægelse, men for at man kan motivere sig selv til at sætte sig i bevægelse, så skal man have en vis affi-

nitet, en dragning mod det mål, som man har som sit slut-
punkt.

Det svære ved at blive motiveret er ofte at finde det rigtige
mål. Mennesker tror, at de skal stræbe efter noget, som de har
hørt skulle være godt og som de har tænkt i deres egne tanker
vil være godt. Men ikke sjældent er det bedste mål det, som
man - rent umiddelbart - ikke bryder sig om. Der er mange
paradokser involveret i dette, for mennesker er nogle gange
mere motiverede til at stræbe efter mål, som de ikke ønsker
sig særlig højt, men som de føler sig draget af fordi de er nye.

Alt, hvad der er nyt, har en interesse, og mange mennesker vil
hellere bruge deres kræfter på at prøve noget nyt, frem for at
bruge dem på at stræbe mod noget, som de kender i forvejen.

Mennesket er intelligent og en del af vores intelligens er vores
dragning mod det ukendte. Nogle gange er det ukendte det
eneste vi drømmer om og vi bliver stadig mere fascinerede af
det. Måske er det farligt, måske er det levende, måske er det
spirituelt og måske eksisterer det slet ikke. Det betyder ikke
noget, for vi ønsker bare brændende at erhverve det, som vi
ikke har. Ikke fordi det kan bruges til noget, men fordi det er
ukendt.

9. KRIMINALITET OG FORBRYDELSE

Vi er alle forbrydere. I Danmark er der så mange regler, at der ikke findes et eneste menneske, som ikke overtræder flere af disse regler løbende og som derfor er en forbyder. En forbryder, som ikke er blevet opdaget eller som politiet ikke har fundet det ulejligheden værd at interessere sig for, men dog alligevel en forbryder.

I socialstaten, hvor alt er bestemt af det politiske oligarki er retten imidlertid bygget på den positivistiske retslære, som siger at en ting kun er kriminel, hvis den er blevet opdaget og behandlet i retten og hvis den person, som har udført den kriminelle handling, er blevet dømt. En kriminel handling er altså en handling, som har ført til dom. Er man ikke dømt, så er man ikke skyldig ifølge den positivistiske retslære.

Det handler om at kende forskel på det man har gjort og det som man er dømt for. En person, som ikke er dømt, regnes som værende uskyldig, også selv om han har slået tre mennesker ihjel. Til gengæld regnes en person som værende skyldig, hvis han er blevet dømt skyldig for en lovovertrædelse, også selv om han ikke har udført den pågældende handling. Så er han uretfærdigt dømt skyldig, men stadig gælder det, at han er skyldig.

Lov og moral har altså ikke noget med hinanden at gøre i den positivistiske retslære. Det handler ikke om at retten skal tage stilling til moralske spørgsmål, for moral har intet med ret at gøre ifølge denne filosofi. Moral er et subjektivt begreb, som dækker over at mennesker med den ene og anden livsholdning mener at den ene og anden handling er god eller ond. Nogle mener at abort er godt medens andre mener, at det er dårligt. Nogle mener at det er ondt at lyve, medens andre mener, at det er nødvendigt i visse særlige situationer. Nogle mener at det er forkert at slå ihjel, medens andre mener, at det er nødvendigt. Nogle mener at sex udenfor ægteskabet er dårligt medens andre mener at det er godt. Nogle mener at det er forkert at tjene penge på andre menneskers uvidenhed, medens andre mener at det er i orden.

Der er store forskelle i menneskers meninger om hvad der er godt og hvad der er ondt. Det er derfor ikke sikkert at den som er en forbryder i visse menneskers øjne også er det i andres øjne. Den ene forbryder er den andens helt, det kan man regne med i alle situationer, hvor der er konflikt og i alle samfund, som er i krig. Det at gavne den ene part i krigen er det samme som at gøre skade på den anden part, og omvendt. Det, som er godt for nogle, er ondt for andre.

Jeg indrømmer at jeg er forbryder. Ikke så stor en forbryder som dem der ødelagde Vietnam, Irak, Afghanistan og Libyen, men alligevel, en lille forbryder. Jeg er også løgner. Ikke så stor løgner som Anders Fogh Ramussen, som sagde at han med 100 % sikkerhed vidste at Saddam Hussein havde massevåben. Men dog en løgner.

Forbrydelse kan have et moralsk prisværdigt formål. Men pas på. Jeg ser intet prisværdigt i at være forbryder i forhold til færdselsloven, for denne lov har jo kun til hensigt at beskytte os alle for uforsvarlige trafikanter. Det er et upolitiske og almennyttigt formål, som jeg tror at vi alle går ind for.

Til gengæld er der nogle som mener, at man godt kan være kriminel i forehold til skattelovgivningen, uden samtidig nødvendigvis at overtræde nogle moralske normer. Dette forudsætter, at man har den opfattelse, at den danske skattelovgivning er uretfærdig og at et opgør med denne lovgivning derfor er et forståeligt og sympatisk opgør med uretfærdigheden.

Der er jo noget, som hedder nødret og noget som hedder protest. Det er ikke sikkert, at en person, som søger at skjule nogle af sine indtægter, egentlig har haft til formål at undergrave det danske skattesystem. Det kan også være at hans mål har været at tjene lidt ekstra til sig selv, samtidig med at han udførte et stykke arbejde, som ellers ikke ville være blevet udført.

Vores skattesnyder er altså i virkeligheden idealist. Han protesterer mod en undertrykkende og skadelig lovgivning, som holder mennesker i passivitet og forhindrer arbejdsløse i at få job. Det er en lovgivning, som på papiret kan se fornuftig ud, men som i praksis er lige det modsatte af fornuftig. For det er vel ikke fornuftigt at lade ældre bygninger forfalde fordi at ejeren ikke har råd til at sætte dem i stand og det er heller ikke fornuftigt at lade unge mennesker gå arbejdsløse fordi at ingen har råd til at betale den mindsteløn, som fagforeningerne kræver. Resultatet af en sådan politik er fattigdom og arbejdsløshed, hvilket ikke alene er til skade for vores samfund og for de unge mennesker, men som også er med til at fremme fagforeningernes indflydelse på det danske arbejdsmarked, og det vil sige at stadig flere vil blive tvunget til at melde sig ind i en fagforening og at skulle betale de ca. 1.000 kr. om måneden, som medlemskab og a-kasse kontingent koster. Det gør almindelige lønmodtagere fattigere samtidig med at det gør toppen af fagforeningerne, de velnærede pampere, endnu rigere end de er i forvejen. Og så sætter det lønningerne op, hvilket medfører at endnu flere bliver arbejdsløse.

At være forbryder er ikke altid til skade, det kan også være til gavn. Men man skal vælge nøje hvilken forbrydelse man vil begå, for ikke alle forbrydelser er med til at gøre samfundet bedre. Tilsvarende er det heller ikke alle lovlige handlinger her i landet, som er med til at gøre Danmark til et bedre sted, for der er forskel på lov og moral, ret og rimelighed.

10. SEX, DET STORE EMNE

Er der nogen fremtid i sex? Jeg mener det egentlig ikke, for intet er så overvurderet som netop sex. Jeg er ved at dø af kedsomhed når jeg ser disse storbarmede sexbabes, som optræder i mange af de mest kendte programmer på TV. Jeg synes det er pinligt, og jeg ville være meget ked af det, hvis min egen datter skulle finde på at optræde et sådant sted. Men det behøver jeg nok ikke at frygte, da jeg slet ikke har en datter og da jeg i øvrigt ikke mener at en eventuel datter, som jeg måtte have i en hypotetisk verden, ville være så dum, at hun valgte at gøre sig bemærket med sådanne midler.

Måske ville hun heller ikke være så velskabt, at de var interesseret i at gøre hende til TV-model, men hvis det måtte være tilofældet, så håber jeg at hun ville sig nej. For det er da kun naive kvinder, som falder for den slags. De tjener nogle penge her og nu og de gør måske indtryk på et par unge fyre. Men i længden, så skader de deres eget image og dermed også deres egen fremtid. De er ukloge og gør ikke det rigtige, set ud fra et karrieremæssigt perspektiv. Det er sørgeligt, men sandt og nogle skal jo havne på bunden, og hvis de unge kvinder ligefrem anstrenger sig for at komme der ned, så skal det nok lykkes. Og jeg kan forsikre dem om én ting: Jeg er hamrende ligeglad!

11. SUGARGIRLS

Hvad har succes med sugargirls at gøre? Ja, hvad har det *ikke* med sugargirls at gøre? Ved du overhovedet, hvad en sugargirl er?

Nej, det er ikke en prostitueret pige, som forsøger at tjene penge på at lokke en mand til sex, det er en yngre kvinde, som forsøder tilværelsen for en ældre mand ved at være sammen med ham på alle mulige andre måder end netop sex.

Sex er prostitution, men sugargirls er ikke prostitution, det er to parter, som får dækket deres behov ved hjælp af hinanden. Den ene mangler penge og den anden mangler behageligt selskab. Det kan de to parter give hinanden, og det synes jeg er en god ting.

Jeg føler ikke at dette konceptet lige er noget for mig, men på den anden side så mener jeg heller ikke, at det er helt ved siden af. Jeg har faktisk en gang været venner med en yngre kvinde, som havde en kæreste på hendes egen alder, men som søgte en faderfigur. Og så valgte hun mig, hvilket jeg var vældig glad for, da jeg synes at hun var rigtig sød og da jeg syntes at det var en fornøjelse at være sammen med hende.

Der var ikke noget grænseoverskridende i den kontakt, som vi havde til hinanden. Jeg tænkte ikke i sex eller lignende, men det var tydeligt at vi kunne snakke sammen i lang tid, og det tror jeg ikke at hendes kæreste brød sig om. Han sagde ganske vist, at han mente, at det var helt ok, men jeg fornemmede at han ikke var så glad for det alligevel.

I en sådan relation er det den unge pige som bestemmer, og

det gjaldt også i vores forhold. Det var hende som bestemte, og hun bestemte at jeg ikke måtte kontakte hende per telefon eller per mail, og at al vores kontakt skulle foregå per sms. Og sms det er jeg ikke så vild med, lige som jeg ikke er særlig vild med kontakt via Facebook. Jeg synes, at det er svært at sende sms-er og jeg kan ikke rigtig finde ud af Facebook og føler, at det er et useriøst medie, som jeg helst ikke vil identificeres med.

Men min sugargirl var vild med Facebook og jeg havde indtryk af at en stor del af hendes liv foregik på Facebook. Hun uploadede fotos af sig selv og sin kæreste, når de havde været på hundeudstilling eller når de havde været på besøg det ene og andet sted. Det var vældig kært, men det var også lidt uklogt synes jeg. For hvorfor skal man vise fotos af sig selv og sin kæreste hver gang man besøger en udstilling? Er det for at introducere sitens gæster til nye lokaliteter, eller er det fordi man simpelthen bare elsker at blive fotograferet og at se sit eget foto på en website? Jeg har fornemmelsen af, at det mest er det sidste.

Jeg kan ellers godt lide sugargirl-konceptet, for jeg mener, at det tilfredsstiller noget vigtigt i to mennesker, og det er altid godt. Der sker jo ingen overgreb og alting bygger på frivillighed og på gensidig interesse. Pigen tjener lidt penge og får en masse viden og en masse erfaringer. Manden får en sød partner, som han kan gå i byen og på udstillinger med og som han er sikker på at hans venner godt vil kunne lide, i hvert fald hvis de er mandlige. De kvindelige venner vil måske være lidt skeptiske, eller også vil de blive jaloux, for det er jo sandt at et sådant forhold kun kommer op og stå, hvis manden synes at den unge kvinde ser sød ud. Men helst ikke for sexet, for det kan give forstyrrelser i samværet. Hun skal være smilende og lyttende så han får tilfredsstillet sin trang til at være i centrum og til at dominere og føle sig som leder.

Man skal ikke tro, at det er alle unge kvinder, som egner sig
som sugargirls. Det gør de ikke. Det kræver at den pågæl-
dende kvinde forstår, hvad hendes rolle går ud på. Det minder
mere om den japanske geisha tradition end det mindre om
seksuel prostitution, og hvis ikke kvinden har forstået dette,
så kommer det til at gå galt for hende før eller siden.

Hvis hun tror, at der er tale om prostitution, så vil hun lægge
op til en form for samvær, som mange mænd slet ikke er ind-
stillet på og heller ikke ønsker. Hun vil samtidig nedværdige
sig på en måde, som absolut ikke er til gavn for hendes for-
hold til den pågældende mand, for kernen i det gode sugargirl
forhold er, at parterne har gensidig respekt for hinanden.

De to parter er meget forskellige og de har begge fordele af
relationen, men for at den kan fungere, skal de begge respek-
tere de naturlige grænser, som der altid er i socialt samvær.
Manden skal ikke udnytte sin styrke og sin magt, og den unge
kvinde skal ikke misbruge sin seksuelle udstråling til at mani-
pulere manden i den ene eller anden retning. Begge skal de
kende den andens motivation for at være i det pågældende
forhold og begge skal de respektere de grænser, som den an-
den ønsker at opretholde.

Det handler ikke om sex og det handler ikke om at snyde eller
at lokke penge ud af andre. De tilfælde man har hørt om, hvor
kvinder har udnyttet deres erotiske magt til sat forføre og be-
drage ældre mænd for at tømme deres bankbog, må man tage
stærkt afstand fra. Et sugargirl koncept bygger på gensidig re-
spekt og tillid, ikke på udnyttelse eller prostitution. Det hand-
ler om at skabe vindere. To vindere, ikke kun én.

12. AT SKABE ELLER AT KOPIERE

Vi er alle skabere og vi er også alle kopister. Men det er skaberen og ikke kopisten, som du skal dyrke i dit eget liv, hvis du vil have at det skal få en mening. For den som går i en andens fodspor kommer aldrig foran og hvis du bliver ved med at gå i andres fodspor, så bliver dit liv et copycat liv, hvor du forsøger at udnytte de gode egenskaber, som andre har, for så at finde ud af, at der er en forskel mellem dig og dem, og at du ikke selv er i stand til at gøre det nær så godt, som dem du beundrer.

Tag ikke fejl. Det er fint at beundre mennesker og det er helt nødvendigt at lære af dem. Meget indlæring foregår gennem efterligning, og især i forhold, som indeholder tekniske færdigheder (f.eks. brug af computer) er det helt nødvendigt at du forsøger at efterligne den du skal lære af i starten.

Men starten varer ikke evigt. På et tidspunkt bliver det svære problem med computeren ikke hvordan den tændes og hvordan man installerer programmer på den, men hvad man skal bruge disse programmer til. Og det er her, at det bliver svært, for selv om du er rigtig god til at bruge dit tekstbehandlingsprogram, så har du ikke dermed fundet løsningen på, hvad du skal bruge det til. Der er så mange muligheder, og alle kan de føre til noget godt eller til noget dårligt, afhængig af med hvilken kraft, overbevisning og intelligens, at de bliver ført ud i livet.

Jeg kendte engang en mand, som havde brugt det meste af sit voksne liv på at lave computere. Han elskede at skille computere ad og han elskede at købe komponenter i forskellige forretninger, og at samle disse komponenter til nye computere.

Som regel havde han 4-5 computere stående i sin stue. Han sagde selv, at han var ved at reparere dem, for den ene virkede ikke af den ene årsag og den anden virkede ikke af en anden årsag. Rent faktisk var der aldrig en eneste computer, som rigtigt kom til at virke, for der var altid noget, som skulle udskiftes og noget som ikke kunne arbejde sammen med noget andet i den opsætning, som han forsøgte sig med.

Min ven var lykkelig og han arbejdede altid med sine computere. Han elskede computere, som ikke virker, fordi det er sådanne computere, som man kan tillade sig at skille ad og at udskifte den ene og anden komponent i. For man skal jo forsøge at få den til at virke.

Min ven oplevede aldrig at have en computer som virkede, for der var altid et eller andet galt med de maskiner, som han arbejdede på. Og han havde heller ikke noget at bruge en velfungerende computer til, for det eneste han brugte sine computere til var at bestille nye komponenter til at reparere de defekte computere med.

Computerne var på en eller anden måde blevet et mål i sig selv. Alle var de altid til reparation, og når jeg spurgte ham om han ikke skulle i gang med at skrive noget, at behandle nogle billeder, at surfe i skyen eller at lave noget på de sociale medier, så var svaret altid, at det skulle han i gang med så snart hans computer var i orden.

Men computeren kom aldrig i orden og min kammerat kom aldrig i gang med de opgaver, som han hævdede var det egentlige formnål med at han reparerede sine computere. Og det var måske også det samme, for man kan sagtens have et godt liv uden at være på Facebook og uden at skrive mails til sine venner hver eneste dag. Man kan også være lykkelig

uden at kunne bruge de fine programmer, som eksisterer til at
redigere fotos og til at lave musik, og man kan være lykkelig
uden at have besøgt 5, 10 og 25 hjemmesider hver dag for at
følge med i verdens udvikling.

Min kammerat gjorde intet galt. Han brugte tiden til det, som
han holdt af, nemlig at lave computere. Han elskede skruer og
metalplader, harddiske og motherboards. Det eneste han ikke
brød sig om, det var computere, som virkede, for dem kunne
han ikke gøre noget ved. Så kunne han selvfølgelig ødelægge
dem ved at sætte noget dårlig software på dem, og på den
måde kunne han skabe opgaver til sig selv, men pointen i hele
denne historie er, at man skal gøre sig sine ønsker klart. Ikke
for andres skyld, men for sin egen. Der er intet forkert i at el-
ske at rydde op, at lave have, at bage eller at reparere biler,
radioer eller computere. Alt er det godt og alt kan det skabe
ægte glæde i et menneskes liv.

Men hvorfor skal man dog bilde sig selv og andre ind, at det
er noget helt andet, som man har gang i? Hvorfor hævde at
man er på vej med det ene og andet projekt, når man slet ikke
interesserer sig for sådanne projekter? Hvorfor ikke bare ind-
rømme, at en god computer er en defekt computer, og intet er
så sjovt som at skulle renovere en sådan maskine. Hvorfor
skamme sig over at være sig selv?

13. ANGST GØR DIG DUM

Angst æder sjæle op og angst gør mennesker dumme. Det er vigtigt at lære at håndtere angst, for det kan slet ikke lade sig gøre at undgå denne følelse. I princippet føler vi angst hver gang vi prøver noget nyt fordi vi oplever at der kan være fare forbundet med den pågældende aktivitet. Det kan være en fysisk fare eller en fare om social degradering og latterliggørelse. Det ene er ikke nødvendigvis værre end det andet, men der er den forskel, at visse former for fysisk skade kan være uoprettelige. Det er skader på ens selvtillid ikke.

Det afgørende for dig er at forstå din egen angst og at lære at håndtere den. For der findes mange forskellige måder at forholde sig til angsten på, og nogle af disse måder de er så dårlige, at de fører til mere angst og endnu flere handlingsblokeringer end dem man havde i forvejen.

Det væsentlige er, at du lærer at konfrontere din egen angst. At anerkende den, at indrømme, at du føler på denne måde og at du ikke har det godt med det. Angst er jo en naturlig følelse, som vi fra naturens side er udstyret med evnen til at føle, for at vi ikke skal vove os ud i skadelige og livstruende situationer, hvor vi kan risikere at gøre skade på os selv og andre.

Angst er en god ting, men vi skal lære at håndtere den. For hvis angsten bliver din eneste følelse og hvis du lader sig hypnotisere af angsten, så kan det få fatale følger.

Angst skal overvindes, og det gør man ved at bryde sin egen barriere, som forhindrer en i at udføre den pågældende handling. Første gang man skal udføre den grænseoverskridende handling, så føles angsten meget tydelig, men når man har

brudt barrieren en enkelt gang, så er det meget lettere at udfø-
re den pågældende handling igen. Og jo flere gange man ud-
fører den pågældende handling, jo lettere bliver det og jo me-
re rutinepræget bliver din reaktion på at skulle gøre som du
gør.

Det kan dreje sig om at holde et foredrag, om at springe ud fra
en vippe, at optræde med en monolog eller at skulle sige no-
get i en forsamling. Vi kender alle den følelse man har af at
det kan gå galt og at man slår sig, bliver grinet af eller at man
kompromitterer sig selv.

Den værste form for angst føler mennesker i reglen i forhold
til det at have kontakt til det andet køn. De fleste mennesker
er ikke helt trygge ved mennesker af det andet køn. De føler
sig tiltrukket af det andet køn, men samtidig kan de ikke helt
forstå dem. De føler, at de andre mennesker - det andet køn -
er noget spændende, og derfor ønsker de samvær. De ønsker
måske også noget mere end bare samvær, eller de ønsker at
være venner, at være kærester eller måske at blive gift og at få
børn med den person, som de føler engang følte angsten ved
at have kontakt til.

Angsten er noget, som mest optræder, når mennesker ikke
kender hinanden. Det er når man tænker om man skal ringe til
den pågældende person eller om man skal invitere ham/hende
ud og danse, i biografen eller på en rejse. Det kan alt sammen
gå rigtig galt, for ingen ønsker at blive afvist, og netop derfor
afviser vi ofte andre mennesker, som en slags præventiv for-
anstaltning.

Men vi skal lære at overvinde vores angst, for uden overvin-
delse kommer vi ikke videre. Vi skal lære at kaste os ud fra
klippen, eller at miste fodfæstet, som Søren Kierkegaard

snakkede om. Den, som slipper fodfæstet, mister for en stund kontrollen, men den som ikke mister fodfæstet mister hele sin tilværelse.

Det handler om at leve og om at turde tage den risiko, som der er ved livet. Det handler om at turde blive til grin og at turde handle sådan, at man er næsten sikker på at det går galt. Hvis man undlader at handle sådan, er man ikke kun i fare, men så er man helt sikker på, at det går galt. Måske ikke lige nu og her, men på lidt længere sigt. For mennesker, som ikke har modet til at springe ud, de bryder sammen. De går ind i reaktive psykiske sygdomme, i depressive psykoser og i andre former for selvdestruktiv social og psykologisk adfærd.

Årsagen til at vi mennesker er kommet så langt i vores udvikling, når man sammenligner os med andre pattedyr, den er, at vi har været villige til at eksperimentere og til at tage chancer. Tænk på Colombus, som opdagede Amerika i 1492. Han havde rejst langt væk med forskellige sejlskibe flere gange før og han var næsten sikker på at jorden var rund, så han ville ikke falde ud over verdenskanten, uanset hvor langt væk fra Spanien han sejlede. Men han var ikke helt sikker og hans mandskab var især ikke helt sikre, så de frygtede at det hele ville ende i en katastrofe.

Colombus måtte overvinde sin egen angst og han måtte overvinde sine matrosers angst, hvilket kun kunne ske ved at opretholde en skrap disciplin på sine skibe. Og det samme gælder for alle os andre, som skal overvinde angst og usikkerhed fordi vi ønsker at skabe noget nyt eller at opdage sider af os selv, som vi ellers ikke ville lære at kende. At overvinde angsten er vejen til at lære både sig selv og andre mennesker bedre at kende, og måden at overvinde angsten er at disciplinere sig selv således at man kan overvinde angsten.

Sov indtil du er udhvilet, tag noget pænt tøj på, vask dig og spis ikke for meget. Lad være med at snakke med andre mennesker og lad være med at læse aviser og se tv. Sådan får du ro i sjælen og sådan finder du den fokus, som du er nødt til at have for at overvinde dig selv. For kun i ro kan du yde gode præstationer, for dine sjælelige kræfter skal have ro til at arbejde.

Tænk ikke på smerten, men tænk den tilstand, som du vil være i, når du har nået dit mål. Måske når du det aldrig, men der er en god chance for at du når det. Din sandsynlighed for at få succes er meget bedre end den person, som dvæler ved angsten og som ikke kommer videre. At overvinde sig selv er forudsætningen for at kunne overvinde alt andet. Livets udvikling og altings skabelse starter med dig. Du er ikke alene i verden, men du er den eneste, som du selv har magt over. Hvis du vil.

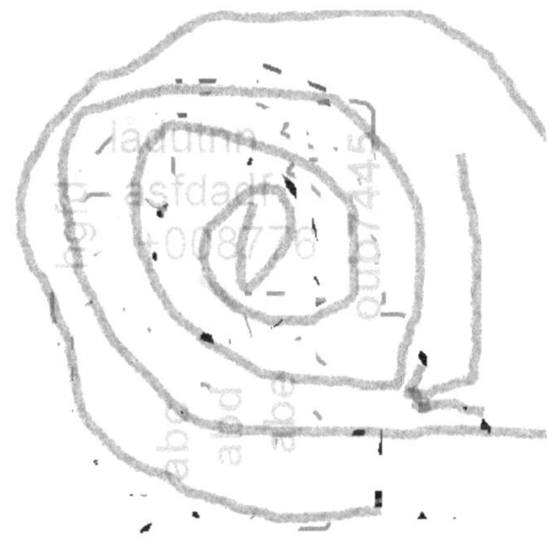

14. HVORDAN FINDER MAN SANDHEDEN?

Livet er en søgen efter sandheden. Vi søger på alle måder og alle steder. Vi ser TV og læser bøger, vi snakker med mennesker og går til foredrag, vi deltager i kurser og vi opsøger guruer, vi mediterer og læser religiøse skrifter. Nogle går også til præster og psykologer for at finde sandheden medens andre har den opfattelse, at man finder den bedst ved at rejse ud i verden og møde andre mennesker.

I den danske ret er det ikke afgørende om vi kender sandheden eller ej, for den grundlægende filosofi er den, at det som er rigtigt er det, som et flertal af politikerne i Folketinget har vedtaget og som dronningen har underskrevet. Det er den måde at love bliver vedtaget i Danmark, og hvis noget ikke er en lov, så kan det ikke gøres til genstand for retslig behandling i Dammark. Det handler ikke om godt eller ondt, rigtigt eller forkert, det handler om lovligt eller ikke-lovligt.

Men det at den danske ret har sin egen definition på hvad sandhed er, betyder jo ikke at du nødvendigvis har den samme opfattelse. Det ligger faktisk indbygget i den danske retsfilosofi, at hver borger har sin egen mening, og at den sandhed han/hun tror på ikke har nogen indflydelse på det retslige system og på de retslige instansers virke. Lov og sandhed har ikke noget med hinanden at gøre, det er pointen i Alf Ross's retslære, som er grundlaget for alt, hvad danske jurister lærer om på universitetet.

Når du skal lede efter sandheden, så skal du søge i din egen samvittighed. Det er det humanistiske synspunkt, som også den katolske kirke er tilhænger af. Der findes ingen instans, som er højere end din egen samvittighed, når vi ser bort fra Gud. Men Gud kan man jo ikke satse på, for ikke alle tror på Gud, og de som tror på ham har forskellige opfattelser af, hvad han har meddelt sine skabninger i denne verden. Skal vi søge i Vedaerne, i Bibelen eller i Koranen for at finde svaret på hvad Gud mener, eller er der helt andre kilder, som gør det mere klart for os? Er der helgener eller synske personer, som kan fortælle os hvad Gud mener, eller har vi simpelthen ingen kilde til at få denne viden?

Der er mange spørgsmål og ikke helt så mange svar. Men jeg vil godt anbefale det svar, som humanisterne giver, nemlig at stole på din samvittighed. Du skal altid forsøge at overholde den gældende lovgivning, som den findes i Danmark eller et hvilket som helst andet land, hvor du måtte befinde dig. Men det er en kendsgerning, at lovgivning ikke altid er retfærdig, eller at konsekvenserne af denne lovgivning kan være så forfærdelige, sat man vælger at ignorere den og at følge et helt andet lovsæt end det, som formelt set er gældende.

Når du følger din samvittighed har du ingen sikkerhed for, at det er Gud som står bag de fornemmelser, som du har. Det er altid nødvendigt for dig at koble din forstand til og at tænke konsekvensen af dine mulige handlinger igennem før du beslutter dig. Og det er ikke altid muligt at vente i lang tid med at beslutte sig, for der kan være situationer, hvor der skal handles meget hurtigt, hvis ikke en chance skal gå tabt. Så der kan være begrænsninger i den tid, som du har til rådighed for at beslutte dig, og dermed er dine muligheder for at indhente andre menneskers synspunkt og alternativ information begrænset. Men dette er heldigvis ikke altid gældende. I mange situationer har du god mulighed for at hente yderligere information, søge på nettet, læse bøger og opsøge kloge mennesker, som kan rådgive dig. For samvittighed i sig selv er et

usikkert middel til at finde det rigtige svar. Den er nemlig
meget påvirkelig af følelser og af personlige oplevelser. Den
er ikke altid objektiv.

Det er ikke nødvendigvis de mennesker, som du kender, der
har ret. Det kan være at det menneske, som du holder mest af,
også er den, som gør det forkerte, og så kommer du i den kon-
flikt, som mennesker ofte er i, når de er del af en gruppe eller
når de repræsenterer en forening eller en nation. Det er nemlig
ikke altid dine venner, som gør det rigtige, og det er ikke altid
de andre, fjenden eller modstanderne, som gør det forkerte.
Du kommer derfor i en moralsk konflikt, for helst vil du ar-
bejde og kæmpe for det gode for dine venner og din familie,
men hvis nu din forstand siger dig, at de positioner som dine
primære relationer har, er forkerte. Hvad gør du så?

Der er forskel på mennesker, og nogle er så bøjelige og op-
portunistiske, at de altid kommer frem til at netop deres ven-
ner, familie, partikammerater og landsfæller gør det rigtige.
De er så heldige, eller måske skulle man sige naive, at de altid
mener at det er dem selv og deres alliancepartnere, som har
retten på deres side. Men sådan er det naturligvis ikke. For
når to parter er i konflikt kan det lige så godt være den anden,
den som du kæmper mod, som har den moralske ret på sin
side. Det mener han i hvert fald selv, og det mener dem, som
identificerer sig med ham.

Der er en moralsk udfordring i det at tage stilling. Tør du væ-
re objektiv og søge efter en overordnet og ikke-partisk sand-
hed? Eller foretrækker duk altid at have ret, altså i din egen
og dine venners forestillingsverden?

Tilhører du den første type, så er der muligheder i dig. Du kan
blive til stor nytte og du kan få en fremtid som mægler. Men

tilhører du den anden type, dem som altid tror at de selv har ret, så er du farlig. Så er du soldat og så er du villig til at ofre dig for at gøre skade på andre. Ikke fordi du har en god sag at kæmpe for, men fordi du altid er loyal overfor dine egne. Du kæmper for gruppeinteresser, ikke for det fælles bedste. Derfor er du farlig.

15. HAR DU SKRIVEBLOKERING?

For mange år siden kørte jeg kurser i at skrive, og jeg havde
en masse elever, som var interesseret i at lære at skrive mere
og at skrive bedre. Nogle ville være forfattere og andre vil ba-
re skrive artikler eller længere tekster, som skulle bruges i en
eller anden sammenhæng. Men der var et problem, som rigtig
mange af mine elever klagede over og som jeg forstod på
dem, at de havde store vanskeligheder ved at overvinde, og
det drejede sig om det, som de kaldte for skriveblokering.

Jeg har aldrig selv haft skriveblokering og kender det derfor
kun som en forklaring, som elever kommer med, når de skal
redegøre for hvorfor de ikke har udført den ene eller anden
opgave af skriftlig art. Eller måske som årsagen til at de aldrig
har fået skrevet den bog, som de altid har gået og drømt om.

Jeg vidste ikke i første omgang hvad jeg skulle gøre ved disse
skriveblokeringer, for det virkede som om at der var tale om
en psykisk lidelse eller en funktionsforringelse, som havde sin
årsag i personlige forhold, som jeg ikke havde indsigt i. Jeg er
jo ikke psykolog og jeg har ikke viden om psykiske sygdom-
me og om menneskers mere eller mindre uforklarlige tilbøje-
ligheder, som volder dem problemer. Og det at skulle skrive
en tekst er noget, som nogle personer blokerer overfor.

Problemet var så, hvad jeg skulle gøre ved disse skrivebloke-
ringer, som åbenbart var et stort problem for nogle af elever-
ne, for hvis man ikke fik disse blokeringer overvundet, så
kunne de jo slet ikke komme i gang med at skrive og dermed
ville både kurset og hele deres fremtidige karriere som skri-
bent på deltid gå tabt. For ingen vil hyre en skribent, som ikke
ved om han kan afslutte den opgave han får tildelt, og ingen

vil bruge sin tid på at sidde og kigge ud i luften foran en computer, som man gør det, når man har en af disse skriveblokeringer.

Men hvad skulle der så gøres ved det?

Jeg eksperimenterede en del med hvad der skulle gøres. Først forsøgte jeg at overbevise de pågældende elever om, at der slet ikke var noget, som hed skriveblokering og at de derfor ikke kunne lide af denne hæmning. For den eksisterede ganske enkelt ikke, og derfor kunne de ikke være ramt af den.

Dette argument var logisk, men det havde ikke den ønskede effekt, for eleverne kom tilbage og fortalte, at de alligevel ikke kunne skrive, for der var et eller andet, som åbenbart ikke måtte hedde skriveblokering, men som alligevel holdt dem tilbage. Resultatet var, at de sad foran deres computer og tankerne løb i deres hoved, og at der ikke kom mere end 3-4 bogstaver på skærmen foran dem. De vidste ikke, hvad de skulle skrive, hvordan de skulle gå i gang og hvordan opgaven skulle løses. De forstod ikke hvad de selv manglede, men de følte ikke den rigtige inspiration til at løse opgaven.

Fordelen ved at have skriveblokering er den, at så skriver man ikke noget, og så er der ikke noget, som man kan blive kritiseret for. Så er man nærmest en form for patient og man er i hvert fald et interessant psykisk tilfælde, som mange mennesker vil snakke med og forsøge at give gode råd for at hjælpe dem med at overvinde den mærkelige hæmning. Måske står den i vejen for en elles strålende karriere, som de muligvis ville have fået, hvis det altså ikke havde været for den nævnte skriveblokering.

Som kursusleder kunne jeg ikke leve med disse skrivebloke

ringer. Jeg havde dem som sagt ikke selv, men hele min kursusvirksomhed var truet, hvis en eller flere af deltagerne ikke kunne skrive, for det var netop det, som var temaet for kurserne.

Så kunne jeg naturligvis bede disse elever om at forlade kurset, men det ville ikke være en god ide, for årsagen til at de var kommet var ofte netop den, at de ville overvinde deres skriveblokering. Og man kan jo ikke bortvise en elev fordi at han søger vejledning i hvordan han overvinder sine problemer.

Løsningen på det vanskelige problem fandt jeg først efter at have forsøgt mig med alt det forkerte i et års tid eller mere, og løsningen var - som gode løsninger ofte er - ganske simpel. Den var ikke alene simpel, den var også uhyre effektiv, ja faktisk så effektiv at jeg aldrig senere har været ude for elever, som led af sådanne skriveblokeringer. Måske fordi de holder sig væk fra mine kurser, men jeg vælger nu at tro på en anden forklaring, nemlig den, at disses blokeringer rent faktisk er forsvundet. For jeg anviser altid eleverne at bruge min egen metode til at overvinde deres blokeringer, og den virker. Ikke kun en gang imellem eller de fleste gange, men hver eneste gang = 100 %.

Metoden går ud på det simple, at man straks indleder en proces, når man rammes af skriveblokeringen. Denne proces består i at man skriver på sin computer eller sin maskine at "en kanin er et lille dyr med fire ben og en hale". Når man har skrevet det én gang, så skriver man det igen, og derefter skriver man det én gang mere og en gang til. Sådan bliver man ved, indtil blokeringen forsvinder. Og det gør den altid. Der går sjældent mere end et minut inden den ubehagelige blokering er væk, og det var jo netop det, som var formålet med øvelsen.

Man kan altså fjerne skriveblokeringer ved simpelthen at skrive den nævnte sætningen igen og igen. Som regel bliver man træt bare ved tanken om at skulle skrive denne sætning, så skriveblokeringen forsvinder allerede inden at terapien begynder. Denne terapi er nemlig så kedelig, at ethvert normalt menneske gerne vil undvære at skulle prøve den. Og det kan man kun undgå på én måde, nemlig ved at udføre sine opgaver som planlagt. Altså ved at undgå skriveblokering og andre indbildte sygdomme og psykiske lidelser.

16. LARM OG STILHED

Intet er så enerverende som larm. Jeg ved at de bruger larm på Guantánamo, når de skal nedbryde en fange, som de ikke kan få til at tale og som fangevogterne mener er i besiddelse af vigtige informationer. Man sætter ham så i en celle, hvor der er høj musik 24 timer i døgnet så han ikke kan sove eller hvile sig. Det siges at især Metallica er egnet til at udføre denne tortur for deres musik er meget larmende, ikke særlig harmonisk og den har en aggressiv form, som gør at de fleste vil føle sig generet af den, hvis de ikke selv har valgt at lytte til den.

Larm, tale og uønsket musik er meget generende, ikke kun når det anvendes som torturinstrument, men også når man tvinges til at lytte til det i anden sammenhæng. Det kan være umuligt for et menneske at koncentrere sig, når der afspilles uønsket musik. Larm er med til at gøre det svært at koncentrere sig om sine egne tanker. Man kan ikke meditere, man kan ikke hvile sig og man kan ikke tænke logisk og løse opgaver, som kræver tankevirksomhed.

Larm bør man afskaffe, hvis det er muligt, og det er ikke mærkeligt at der i annoncer for huse ofte står, at de ligger i et "roligt område", for der er store kvaliteter ved at bo i et roligt område, sammenlignet med det at bo et sted, hvor der spilles musik og hvor der er fulde mennesker i gaderne. Og det er sådan forholdene er de fattige områder i de store byer, og derfor er priserne på lejligheder i disse områder ofte ganske beskedne, også selv om de ligger centralt, set i forhold til offentlige institutioner, transport og kulturliv.

Hvad kan man så gøre for at undgå larmen, som man generes

af?

Det handler om at skelne mellem forskellige former for larm, for der er anden larm end den, som stammer fra musik og værtshuse. Der er også den larm, som ikke måles i decibel, men som alligevel skaber mental forvirring og fortvivlelse. Det handler om den larm, som kommer fra medierne, fra tv og fra internet. Ikke sådan at forstå, at jeg vender mig mod disse fænomener eller mod underholdningsindustrien i det hele taget, men sådan forstået at jeg mener at det gode liv er det, hvor du er i stand til at lukke ned. Det er livet uden fjernsyn og uden aviser, for alle de oplevelser, som du får i disse medier, kan du også få på internettet. Her kan du se alt det tv du vil og det koster ofte slet ikke noget. Du kan også læse aviserne og alle de internationale medier, og du kan få adgang til al den sladder om skuespillere og kongehus, som du har behov for.

Man kan altså nøjes med internettet, men måske er det endnu bedre helt at undvære de moderne medier. Jeg ved det ikke fra egen erfaring, for jeg bevæger mig aldrig steder hen, hvor der ikke er internet. Jeg er afhængig og jeg er "internetoman", hvis der er noget, som hedder sådan.

Men hvad med den store stilhed? Hvad med at befinde sig et sted, hvor du ikke kan høre andet end det, som du selv siger, og hvor du ikke kan læse bøger, se tv, gå på nettet eller høre radio. Ville du bryde dig om det? Nej, det ville du nok ikke, og det tror jeg heller ikke at jeg selv ville. Men alligevel er jeg tilhænger af at vi prøver det på et tidspunkt. Det handler om at lære sig selv bedre at kende. Jeg forestiller mig, at når alle medier er væk og når man ikke får flere informationer udefra, så begynder ens hjerne selv at meddele sig, og den begynder så at snakke til sig selv. Hjernen taler og hjernen lytter, så der er tale om en form for lukket kredsløb. Men jeg tror, at dette kredsløb er med til at skabe værdi i vores liv, for alt for ofte er vi modtagere af information og alt for sjældent er vi afsendere. Her er vi både afsendere og modtagere, og det er det, som eksperimentet går ud på.

Lad mig indrømme, at jeg aldrig har prøvet det. Ikke længere end et par minutter i hvert fald, så jeg ved ikke hvordan det virker og hvordan jeg selv vil reagere. Men jeg har lyst, for jeg tror at jeg kan lære noget nyt. Jeg kender ikke mig selv andet end som aktør i forskellige scenarier i det virkelige liv. Men her er det min hjerne, min underbevidsthed og mine fantasier, som holder spillet kørende. Måske vil jeg få øje for noget helt nyt og værdifuldt, måske vil det være ligesom at drømme, eller også vil jeg føle, at jeg spilder min tid. Men selv det at spilde sin tid kan være værdifuldt. Man har godt af at prøve det, så man ved at det er noget man skal forsøge at undgå. Og der er altid et alternativ. Den store stilhed er et eksperiment, som man kan lave med sig selv. Jeg har ikke prøvet det, og derfor vil jeg godt have at du prøver det først. Jeg vil gerne høre dit resultat, før jeg selv forsøger mig.

17. REJSEN

Hvis jeg skal give dig et godt råd og din tid er knap, så vil jeg
give dig det ene råd, at du skal rejse. At rejse er at lære og der
er ikke nogen bedre måde at lære en masse end det at befinde
sig blandt mennesker, som tænker og lever på en anden måde
end den, som man selv er vant til.

Rejsen er vejen til erkendelse og vejen til spændende oplevel-
ser. Men det er naturligvis ikke ligegyldigt, hvor man rejser
hen.

Der er gode og dårlige lande, og der er gode og dårlige måder
at rejse på. De gode lande er, efter min mening, dem, som har
et sprog man kan forstå eller hvor man kan have en vis kon-
takt med den lokale kultur i kraft af at man kan forstå noget af
det, som de skriver i deres aviser og som de snakker om i bus-
sen eller hvor man befinder sig.

De dårlige lande er dem, hvor du bliver kulturelt isoleret fordi
du ikke kan læse bogstaverne de skriver med eller forstå det
de siger til hinanden.

Der er også gode og dårlige måder at rejse på. De gode måder
er dem, som giver dig oplevelser og kontakt med nye menne-
sker, medens de dårlige er dem, som ikke giver dig oplevelæ-
ser og som ikke bringer dig i kontakt med noget, som du ikke
kendte i forvejen.

En chartertur med et rejseselskab vil jeg regne for en dårlig
rejse, for du er sammen med mennesker, som kommer fra dit
eget land og taler dit eget sprog det meste af tiden. Du kan na-
turligvis forlade hotellet og udforske de lokale forhold på

egen hånd, men det er sjældent at deltagerne i disse ture handler på egen hånd. De er som regel med på de fælles gruppeture, hvor de snakker med andre danskere og ser verden ud fra det perspektiv, som de kender i forvejen. Kulisserne er anderledes end der hjemme, men kulturen har de medbragt og dermed har de valgt at isolere sig fra den virkelighed, som gør sig gældende i det fremmede. Kort sagt: De lærer intet.

Den bedste måde at rejse er altid som rygsækturist. Det handler om at pakke en rygsæk og at rejse til en destination, hvor man ikke på forhånd ved, hvor man skal bo og hvem man kommer til at møde. Det handler om at sætte de økonomiske ambitioner ned så man lever på niveau med de lokale, selv om man kommer fra en anden kultur og lever og tænker anderledes end disse mennesker.

Den bedste rejse jeg selv har haft var den, som gik til Iran. Jeg rejste alene og kendte ikke særlig meget til landet inden jeg tog afsted. Jeg vidste, at de var muslimer, men meget andet end det vidste jeg ikke. Men det fandt jeg ud af, for jeg mødte masser af mennesker, som elskede at snakke med mig og som inviterede mig til at besøge det ene og andet sted og til at bo hos dem privat, hvis det var det jeg ville. Iranerne var fantastisk gavmilde og de overraskede mig på en meget positiv måde. Jeg var glad for alle de mennesker jeg mødte og jeg følte at jeg hele tiden havde noget spændende at foretage mig. Jeg skulle snakke med menneskuer, som gerne ville høre på mine meninger og jeg skulle besøge steder, som disse mennesker håbede at jeg ville finde var spændende.

Hemmeligheden bag denne, min største succes som rejsende, var at jeg rejste alene. Jeg havde en kuffert med og nogle fotografier, som viste hvordan jeg lever i mit hjemland og hvordan dette land i øvrigt ser ud. Jeg havde også nogle billeder af vores dronning og af hendes familie, for jeg vidste at sådanne fotos altid er meget populære. I Iran har de også haft en konge, som godt nok hed en Shah, men det gør ikke den store forskel.

Shahen i Iran gjorde desværre den dumhed, at han allierede sig med amerikanerne og forsøgte at udrydde den islamiske opposition i landet, og det slap han ikke godt fra. Han blev væltet og var nødt til at forlade landet, hvortil han aldrig vendte tilbage inden han døde i landflygtighed.

Iranerne er fantastiske. De er meget anerledes end os og har helt andre meninger end dem, som vi møder i det danske mediebillede. De er shiamuslimer og de holder med Rusland. USA kan de ikke lide, selv om de håber engang i fremtiden at blive venner med dette land igen så de mange sanktioner, som hæmmer deres økonomi, kan blive ophævet.

Men ikke mere om Iran, for det var kun som et eksempel at jeg fremhævede min rejse til dette land,. Det gælder om at finde lande, som man ikke kender meget til i forvejen, og man kan roligt lade sig lede af den propaganda, som kører i de danske medier. Hver gang et land fremstilles som værende forfærdeligt, diktatorisk og fjendtligt, så er det fordi at dette land ikke er med i Nato og at lederne af denne militaristiske forening derfor ikke bryder sig om det. Det medfører som regel, at de vestlige medier føler sig forpligtede til at køre en løbende kampagne imod de pågældende lande, og derfor kender de fleste mennesker meget lidt til dem. De kender det skræmmebillede, som fremstilles i medierne, men de kender ikke virkeligheden. Og netop derfor skal du - hvis du rejser for at lære - rejse til disse lande. Det drejer sig om Rusland, Hviderusland, Iran og et par andre lande. Disse lande fremstilles i de vestlige medier som værende forfærdelige og som værende styret af "en diktator". Sådan skal det være, ellers er læserne ikke klar over, hvor ondt det er. Men det er netop disse lande, som du skal rejse til, for det er dem, som du kan lære af og på den måde bliver dine rejser til studieture, ikke tidsfordriv uden mening og indhold. Dine rejser skal helst være fredsmissioner, for du skal være budbringer mellem kulturer, som står langt fra hinanden og som potentielt kan komme til at stå på hver sin side i en krig. Og en sådan krig ønsker vi naturligvis ikke. Derfor skal vi lære hinanden at kende, og derfor skal du rejse. Rejse til de steder, som alle de andre ikke har besøgt. De steder, som Politiken og Berlingske Tidende ikke bryder sig om. Der hvor de siger, at der ikke er "demokrati". Det er nemlig der du bliver klogere.

18. EN DØGNFLUES BEKENDELSER

Nu bliver det lidt bedre, der bliver lidt mere plads end der var fra begyndelsen. Jeg troede at jeg skulle vejlede mennesker i hvordan de skal leve livet, men det fandt jeg ud af at jeg slet ikke har energi til. Og jeg er sandsynligvis heller ikke god nok til at gøre det, for selv om jeg har min egen måde at leve live, og selv om jeg mener at mine egne værdier er de rigtige og min egen livsstil den optimale, så gider jeg ikke prædike for andre. De kan jo leve som de vil, og det går sikkert godt for dem alligevel. Dem som jeg eventuelt kunne gøre klogere, de læser alligevel ikke min bøger, for de mener at de selv har den rigtige metode, præcis på samme måde som at jeg mener, at jeg har den rigtige metode.

Jeg mener ikke at jeg selv er en døgnflue, men jeg føler mig faktisk smigret over denne titel. Jeg skal indrømme, at jeg ikke selv har fundet på den, for jeg er slet ikke så kreativ når det gælder titler. Jeg mente at bogen skulle hedde "Succes for begyndere", men så læste jeg overskrifterne på kapitlerne højt for min coach, og hun mente at en bog af denne art måtte hedde "En døgnflues bekendelser". Måske lidt lige som Augustins bekendelser og i hvert fald lige som de bekendelser, som flere andre danske forfattere har underholdt det læsende publikum med.

Jeg har egentlig ikke lyst til at bekende noget, for alt det jeg bekender er som regel løgn. Jeg har lært, at man kan gøre sig interessant ved at bekende det ene og andet og derfor bekender jeg altid mine fejl og meget mere, for jeg ved, at den, som bekender sine synder, straks får tilgivelse af dem, som har bevidnet denne bekendelse og snart efter stiger i status til det højeste man kan være, fordi man har været ærlig og sagt tingene som de var.

Mennesker er i det hele taget meget optaget af ærlighed, og de er meget imponerede over, at man er i stand til at være ærlig. Måske havde de forventet, at man ville lyve, men det er ikke smart at lyve. Det er bekendelsen, som er det hotte emne, det som gæster vil høre på events, hvor der læses digte op.

Læserne elsker et menneske, som har gjort en masse forkert, for når de sammenligner sig selv med denne person, så virker de jo helt fornuftige og moralsk renfærdige. Derfor er det altid klogt at bruge sine fejl som middel til at reklamere for sig selv, og de fleste fejl kan bruges til netop dette formål.

Jeg er i tvivl om jeg virkelig er en døgnflue. En sådan flue lyser jo vældig op i et kort øjeblik og slukker så igen. Den ses og høres tydeligt i en kort periode, og efter denne periodes afslutning går den bort. Så dør den.

Men er jeg en sådan flue? Lyser jeg op og et kort øjeblik? Jeg mener ikke selv, at det er tilfældet for jeg har faktisk aldrig været noget kendt navn eller et interessant tilfælde i litteraturens verden. Og den verden er jeg også ganske ligeglad med, for jeg er jo kultursociolog, og ikke forfatter, kunstner eller æstet på anden måde. Jeg mener ikke at være en døgnflue fordi jeg ikke lyser op som en døgnflue og fordi jeg aldrig har gjort det. Jeg er måske snarere en mørk skygge på væggen eller en form for dårlig samvittighed for mennesker, som er blevet provokeret af noget, som jeg har sagt til dem. Og den slags mennesker er der en del af. De står i kø for at rakke mig ned og de gør hvad de kan for at genere mig. Og det har jeg det egentlig ganske godt med, for den opmærksomhed man får fra sine modstandere og fjender, den er mere ærlig end den opmærksomhed man får fra sine fans.

Hvis man overhovedet har nogen fans, så kan man være sikker på at de er utro. De er fan af mig i en kort stund og skifter så over til en anden. De beundrer mine handlinger og skriverier i en tid, og flytter så interessen over til noget andet. De har behov for at have nogen at beundre, men de har ikke nogle særlige kriterier for, hvad det skal være. Det de beundrer en for er måske slet ikke noget man har gjort, men noget, som de bilder sig ind, at man har gjort. Ofte så er fantasien jo en hel del bedre end virkeligheden, og mennesker trives som regel fint på en løgn. Det handler ikke om hvem jeg er, men om hvem som de forestiller sig at jeg er. Og det er langt fra sandheden i mange tilfælde. Meget langt.

19. KAN MAN FÅ SUCCES VED AT GØRE DET FORKERTE?

Ja, selvfølgelig kan man få succes ved at gøre det forkerte. Hvad skal jeg sige til det, for det er vel lettere at få succes ved at gøre noget forkert end det er ved at gøre noget rigtigt. Det forkerte giver jo sig selv, for når du har gjort noget forkert, så mangler du at rette dine fejl og at vise, at du også kan lave det rigtigt. Du har altså flere opgaver at løse. Du skal først indse din fejl, så skal du gøre det hele om på den rigtige måde. Og når du er færdig, så vil alle beundre dig.

Hvorfor?

Jo, alle elsker en taber og ingen bryder sig om en vinder. Derfor vil jeg hellere være taber end vinder. Men hvordan skal disse ord overhovedet forstås?

Jeg har ikke nogen klar definition på disse begreber. Jeg mener at en vinder er ham, som når sine mål og en taber er ham, som ikke når sine mål. Men hvis det er rigtigt, så er jeg nærmere en vinder end en taber, for jeg når næsten altid mine mål. Når jeg vil skrive en bog, så gør jeg det, når jeg vil rejse til et land, så gør jeg det, når jeg vil forlade et fællesskab, så gør jeg det og når jeg vil snakke med et menneske, så gør jeg det. Jeg gør det i hvert fald, hvis dette menneske selv ønsker at snakke med mig, men det er jo langt fra altid, at det er tilfældet. Jeg har aldrig ønsket at blive populær. Gode mennesker er, efter min mening, aldrig populære. Krigsliderlige tosser og psykopater, de er til gengæld altid meget populære. Popularitet er en indikator på, at du er enten dum, død eller til skade. Der er undtagelser, men ikke mange.

20. DE SMÅ DIRTY TRICKS

Kender du de små dirty tricks? Det er dem du skal anvende når du skal bestå din eksamen uden at have læst bogen eller deltaget i undervisningen. Det er dem du skal bruge, når du skal sælge noget skidt, som du ved at ingen har brug for, men som du alligevel skal tjene penge på. Det er de små dirty tricks som får hjulene til at køre rundt, for hvis vi alle skulle være så ærlige, som Jakob Munck og diverse præster foreslår, så ville intet fungere i praksis. Der skal jo sælges og der skal varer over disken. Der skal føres krig og der skal skydes med geværerne. Det handler ikke om at dvæle ved småting, som ingen kan bruge til noget alligevel, for hvem er de gode og hvem er de onde? Det er der vist mange meninger om.

Der skal bruges nogle flere små dirty tricks for at få gang i økonomien. Ikke kun i den offentlige økonomi og i den privatkapitalistiske økonomi, men også i kulturøkonomien. Kulturøkonomien det er jo alt det som sker, som ikke har nogen direkte sammenhæng med køb og salg. Det er den tekst jeg skriver og de ting jeg fortæller mine tilhørere, det er den film som vises i tv og den plancheudstilling, som Scientology har lavet på Kultorvet. Det er godt og skidt og det er alt sammen med til at sætte gang i vores tanker og at fodre vores oplevelsestrang.

Livet er lige som et teaterstykke, der er en begyndelse og en slutning og så sker der noget dramatisk i perioden mellem disse to punkter. Det kan handle om vinder og taber, om forfølger, offer og redder eller det kan handle om noget, som først går godt, så går dårligt og til sidst går godt igen. Det er de mest almindelige dramamodeller, og det er dem, som de fleste historier er opbygget efter. Laver du noget, som er opbygget efter et sådant skema, så kan det næsten ikke undgå at blive spændende.

Tænk på forfølgeren, som gør noget ondt ved et offer og på den redder, som til sidst redder offeret ud af den dårlige situation og derved kommer til at dræbe den oprindelige forfølger. Der er den model, som alle retter sig efter, hvis de vil lave dramatik. Det handler om forfølger, offer og redder.

Selv kan jeg bedst lide forfølgeren, for han er som regel den mindst populære af disse figurer. Det er ham, som er årsag til hele historien, så der skal findes gode skuespillere til disse roller, hvis det er film vi taler om.

Men også i det virkelige liv har vi forfølgerne, som er dem der snyder og bedrager, som stjæler og voldtager, som lyver og mishandler, alt sammen udelukkende for at gavne sig selv. De er på ingen måde idealister, for de tænker kun på deres egen vinding. De er kyniske og har intet imod at andre lider skade medens de gennemfører deres projekt.

Forfølgere kan godt lide små beskidte tricks, for det er sådanne numre man bruger, når man skal lokke folk til at købe en dårlig bil eller at investere deres sparepenge i en forfalden rotterede af et hus, som ingen kan bruge til noget før det er renoveret for flere millioner kroner.

Men også vinderen, redderen, anvender små dirty tricks, for hvis man ikke bruger sådanne tricks, så kan man slet ikke hamle op med den kynisme, som vor tids forbrydere og svindlere benytter sig af. Husk på at svindlere næsten altid er en form for sælgere. De prøver at få deres ofre til at gøre det ene eller andet, som de kommer til at tabe penge på, men før det når så vidt, så har de bildt disse ofre ind, at hvis de køber, in-

vesterer eller handler på en bestemt måde, så vil de få fordel
af det. Det er det, altså egoismen og grådigheden, som er for-
følgernes bedste våben, for den som tænker på selv at skulle
have vinding og på at skulle tjene flere penge, han er altid et
let offer.

Små dirty tricks finder vi overalt, og uden dem så ville verden
slet ikke kunne køre rundt. Man kan måske også lave små dir-
ty tricks i litteraturen, men jeg er lidt i tvivl om hvordan det
skal fungere. Måske kan man foregive at fortælle en historie,
som man rent faktisk slet ikke fortæller, eller man kan præ-
sentere en håbløs tekst som værende noget nyt og spændende.
Eller måske kan man præsentere det rene vrøvl som værende
modernistisk digtning, for her gælder vel ingen regler over-
hovedet.

Og det var så mine små dirty tricks og hermed sender jeg læ-
seren tilbage til virkeligheden.

21. KØRER RUNDT OG KOMMER INGEN STEDER

Det er helt forfærdeligt, for nogle gange så føler jeg at jeg kører rundt og rundt. Men jeg kommer ingen steder. Nu kan jeg ikke lige huske om det er mig eller en anden, som har det på denne måde, men det er i hvert fald et menneske, som jeg kender. Og der er mange mennesker, som er ensomme og som mangler en partner at betro sig til i det daglige. Men nogle af de ensomme, de er i virkeligheden glade for at være ensomme, for de har prøvet det modsatte af ensomhed, og det er måske et fællesskab, som er kedeligt, uden indhold og fuld af frustrationer og skuffede forventninger. Det er på tide at komme tilbage på datingsiderne, når ens ægtefælle begynder at klippe hårene i ørerne eller når hun brokker sig over at det ene og andet er galt, og på den måde gør dig til den skyldige i et forhold, som var dømt til at mislykkes fra begyndelsen.

Jeg føler igen at jeg kører rundt og rundt og jeg kan ikke finde ud af, hvad det er jeg kører rundt efter. Måske er det fordi jeg søger noget, som jeg alligevel aldrig finder, eller også er det fordi at jeg forsøger at glemme noget, som jeg alligevel ikke kan glemme. Mest tilbøjelig er jeg nok til at tro det sidste, for det er så meget jeg gerne vil glemme, og hver gang jeg forsøger at glemme noget, så har det lige den modsatte virkning. Alt det jeg vil glemme, det husker jeg, og alt det jeg vil huske, det glemmer jeg.

Hvordan skal et menneske kunne leve med denne paradoksale tilstand, at man husker det forkerte og glemmer det forkerte. Det er jo en trist situation at man sidder tilbage ved livets afslutning og husker alt det, som man hvad været bedre tjent med at have glemt. Så jeg søger efter en teknik, som kan få

mig til at glemme. En måde som kan få mig til helt effektivt
at fortrænge det, som jeg ikke vil huske.

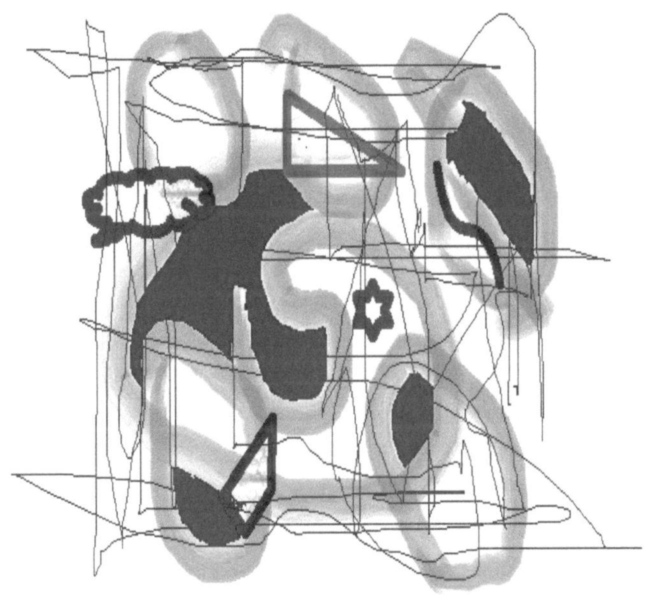

22. STOLEN

Jeg husker en novelle af Paul Auster, hvor han sidder på en stol og ikke foretager sig andet. Der er ikke megen handling i den historie, for forfatteren bevæger sig ikke væk fra stolen. Han har gjort det til sit projekt at beskrive følelsen af at sidde på en stol og at være forenet med denne stol på en sådan måde, at man føler sig i en meditativ tilstand og på vej mod det transcendente.

Jeg ved ikke hvad transcendent betyder, og netop derfor bruger jeg ofte ordet, for efterhånden tror jeg at jeg finder ud af, hvad det hentyder til. Måske en tilstand, hvor man overskrider grænser eller en tilstand, hvor man er på vej fra noget til noget andet. Det kan også være det lys, som skinner gennem en rude eller den stråle, som går fra en platform til en anden.

Det er helt sikkert ikke stolen, som der er noget i vejen med, og jeg forventer rent faktisk at den historie, som jeg nu skriver, vil blive blandt mine bedste. Ingen vil forstå den og de vil gøre den til objekt for analyse og dermed til en tekst, som mennesker med litterær forstand ønsker at forholde sig til og at forstå. De ved ganske vist, at der ikke er meget at forstå, men de forsøger alligevel at forstå den smule, som nu kan forstås på den ene eller anden måde.

De sidder på forstanden og de hæver sig op over masserne med deres intellektuelle analyser og retoriske mesterværker. De gør sig bemærket på alle mulige måder, fordi de bare sidder på en stol og alligevel er i stand til at gøre noget så simpelt som at tale til et andet menneske.

Intet er mere interessant end en samtale, hvor den ene fryder

sig og den anden keder sig. Måske har jeg en sådan samtale
med læseren nu? Men nej. Læseren har jo selv valgt at arbej-
de med denne tekst. Jeg har ikke tvunget ham, for jeg har kun
nævnt stolen som et moment, som optræder i netop den tekst
som Paul Auster skrev. Ikke fordi den handler om en stol,
men fordi der optræder en stol i dens inventarium. Nemlig
den stol, som forfatteren sidder på.

Der kan også optræde et bord i mine noveller, men i denne
novelle optræder der en stol. Ikke en helt almindelig stol, for
det en stol, som slet ikke eksisterer. Måske eksisterer den i
læserens fantasi, men den eksisterer ikke i virkeligheden. I
hvert fald ikke i den virkelighed, som jeg kender her fra min
stue, hvor jeg arbejder.

Jeg har sat mig som mål at skrive en bog på 24 timer og nu vil
jeg bevise for mig selv og de mennesker, som er med i dette
eksperiment, at jeg har løst opgaven. Jeg har skrevet en bog
på 24 timer, og bogen er så god, at jeg har valgt at udgive
den, at sende den til anmeldelse og at få den trykt og solgt i
landets boghandlere og på nettet overalt i verden.

Der skal skrives meget om en stol for at denne tekst kan blive
rigtig fyldig. Og meget lidt for at den bliver interessant. Altså
har jeg et paradoks. Måske er teksten interessant fordi den er
skrevet i et rasende tempo medens jeg sad på denne stol, men
den adskiller sig ellers ikke meget fra en hel del andre tekster,
som jeg har leveret til min forlægger i tidens løb. Det handler
mest om at fyre ord af og at få disse ord til at indgå i et vist
flow, som jeg vælger at kalde for bevidsthedsstrømmen. Det
er denne bevidsthedsstrøm, som er afspejlet i alt det jeg skri-
ver, og stolen er kun en anledning til at lade strømmen løbe.

23. TRANSCENDENS

Jeg har diskuteret med det i hundredevis af gange og jeg gider snart ikke mere.

"Kan du ikke forstå, at der aldrig kan være noget i verden, som ikke er skabt af Gud?"

"Nej, det kan jeg ikke forstå, for jeg har da skabt mange ting, som er en del af verden. Er de ting alle skabt af Gud?"

"Ja, det er de i en vis forstand." sagde Knud for tiende gang i løbet af denne samtale.

Til sidst gider man ikke mere fremføre de samme argumenter, som man har brugt igen og igen i den debat, som man har haft så mange gange før, at man ikke har tal på det. Man gider simpelthen ikke diskutere mere, derfor er der en tilbøjelighed til at man giver manden ret. Også selv om man faktisk slet ikke mener, at han har ret. For transcendens er et metafysisk begreb som ikke har noget med Gud at gøre. Uanset om Gud har skabt det ene eller andet, så er transcendens simpelthen virkeligheden. Det er noget, som ingen kan benægte fordi det er en del af alle menneskers liv og tilværelse.

"Jeg gider ikke diskutere det mere med dig" sagde jeg, og bevægede mig langsomt ud af stuen. "Du er jo så stædig i dine postulatger, at jeg ikke får et eneste argument ind i hovedet på dig, og hvordan skal man så kunne føre en diskussion?"

"Men det er vel så et udtryk for at du indrømmer, at jeg har mere eller mindre ret. Er det ikke rigtigt?"

"Nej, det er det bestemt ikke. Jeg mener slet ikke at du har ret, for transcendens er noget, som alle mennesker kan føle og forholde sig til, uanset om de tror på samme måde som dig eller om de er ateister eller noget helt andet."

Der er ingen grund til at føre debatten videre, for man finder alligevel aldrig en fælles formulering, som alle parter vil være tilfredse med. Der vil altid være en modsætning mellem dem, som tror på det spirituelle på den ene side og dem som mener at mennesket er en maskine, på den anden. Der kan aldrig findes en mellemløsning mellem spiritualismen og materialismen, de to tankegange har ikke særlig meget til fælles, og de stammer tydeligvis fra to forskellige filosofiske traditioner.

Den ene tradition er platonismen, som mener at der eksisterer en virkelig verden og en skyggeverden, og at vi mennesker kun kan forstå den skyggeverden, som vi kan se og høre. Den virkelige verden er usynlig for os, og det er derfor filosoffernes opgave at oplyse os om denne verden, som har en stor betydning for os, også selv om vi ikke er i stand til at opleve den med vores sanser eller at forholde os til dens egenskaber.

Der er i princippet flere måder at tolke denne skyggeteori på, men det vil vi undlade at forsøge os med. Vi vil bare konstatere, at verden kan opfattes som noget materielt eller som noget spirituelt, og at de to opfattelser fører til helt forskellige moralske synspunkter og helt forskellige opfattelser af, hvad sandhed er og hvad, livet skal bruges til. Enten skal det bruges til at søge efter sandheden eller også skal det bruges til at leve efter denne sandhed. Det lyder som om det næsten er det samme, men det er det ikke.

24. DA JEG SÅ EN UFO

Jeg gik en tur ude i skoven, og pludselig så jeg et lysende objekt bevæge sig langsomt hen over himmelen. Det var ikke en fugl og det var ikke en flyvemaskine, så jeg ved ikke præcis hvad det var. Men det så meget mærkeligt ud, for jeg havde netop læst en bog om ufoer og jeg kunne ikke lade være med at tænke om det mon var en ufo. Måske er disse flyvende objekter noget som eksisterer i virkeligheden og ikke kun i vores fantasi. Jeg ved det ikke, men jeg kunne godt tænke mig at få lidt nærmere kontakt med de mennesker eller med de levende væsener, som lever på sådanne flyvende tallerkener og som formentlig kommer fra en anden planet.

De fleste mener, at der er tale om overtro, og hvis jeg skal være ærlig, så er jeg selv i tvivl. Måske er det hele noget, som jeg bilder mig ind og måske er det virkelighed. Jeg ved det ikke. Der er jo mange mennesker, som mener, at de har set Elvis gående levende omkring i forskellige amerikanske byer, og det kan jo ikke være rigtigt, for hvis Elvis ikke døde i 1977, så kan han godt nok være levende, men så er han 79 år gammel og man må formode at han ikke helt ligner den Elvis, som vi kender fra film og videooptagelser.

Mennesker bilder sig mange ting ind og det passer ikke altid med virkeligheden. Nogle kalder den slags for konspirationsteori, fordi de ser en form for sammensværgelse bag det faktum, at man sjældent får offentlig anerkendelse. Medier og politiske ledere anerkender ikke rigtig at de flyvende tallerkener eksisterer og endnu færre tror på historien om at Elvis stadig lever. Dem, som tror på disse historier, regnes for at være fantaster og mere eller mindre tossede.

Men man skal ikke underkende menneskers fantasi og deres evne til at skabe en virkelighed i deres eget hoved, som er helt uafhængig af den virkelighed, som eksisterer i den fysiske verden. Det har lidt at gøre med at mennesket i virkeligheden aldrig har sikker viden om at de ting de ser og hører også eksisterer i virkeligheden.

Det var det som Kants belærte sine elever om. Han mente at det vi kan erkende er verden "für uns", men ikke verden, som den er "für sich" og ikke sådan som den er i virkeligheden.

Kant var erkendelseskritiker og hele hans filosofi står i god harmoni med den subjektivisme, som reformationen førte med sig. Det blev til en fælles anerkendt lære om at sandheden ikke eksisterer og at vi i hvert fald ikke er i stand til at erkende den. Hver må have sin egen mening og den ene mening er lige så god som den anden.

Det kalder man for subjektivisme, og netop subjektivismen er nøglefilosofien i den moderne verden. Vi tror det ene og andet, men vi ved ikke særlig meget. Vi ved, at vi ikke ved, og det er det hele. Og dermed ved vi også, at vi eksisterer, for hvis vi ikke eksisterede, så ville vi ikke være i stand til at tænke disse tanker. Det mente Descartes, og det tror jeg er sandt. Men jeg ved det ikke.

25. ÅNDELIGE FORHÅBNINGER

Der er vist ikke nogen fornuftig slutning på en række minitekster af denne art. Men jeg vil godt meditere en smule videre over mine spirituelle erfaringer. Sandheden er, at jeg ikke har nogen særlig spirituel interesse, hvis det spirituelle skal forstås som en livsstil med daglige meditationer og deltagelse i åndelige studiekredse. Det gider jeg ikke og det tror jeg ikke, at jeg ville få noget ud af. For problemet ved det spirituelle er, at alle og enhver kan stå frem og fortælle om deres egne fantastiske oplevelser på det spirituelle område, men ingen er i stand til at kontrollere om det der fortælles er fantasi eller virkelighed.

Formentlig er det både fantasi og virkelighed, og derfor er det som regel mindre interessant at høre på, selv om den person som fortæller det er meget optaget af sin egen historie. Alle kender jo nogle spøgelseshistorier og alle har set en skygge på en væg eller en gammel dame i tågen ude i skoven. Alle har fantasi og alle er i stand til at gestalte den virkelighed som de selv tror på. Og netop det at gestalte, er jo det samme som at fuldende et sanseindtryk, når man kun har modtaget det delvist i den virkelige verden. Man hører en lyd og man ser nogle skygger, og så bilder man sig ind, at man har set et genfærd. Og jo flere gange man fortæller historien om dette genfærd, jo mere virkeligt bliver det, og jo flere mennesker vil være tilbøjelige til at tro på det.

Vi kender de såkaldte seere fra Medjugorje i det tidligere Jugoslavien. De ser Jomfru Maria en gang om ugen, hver onsdag er det vist, og det har de gjort gennem mere end 10 år. Der er ingen andre, som kan se denne Jomfru Maria, men de unge mennesker hævder, at de ser hende helt tydeligt.

Jeg tror ikke på disse fænomener, for der er lidt for stort sammenfald mellem de økonomiske interesser, som de unge mennesker og deres kirke har, og den virkelighed, som de har skabt med tusinder af betalende turister, som vil have del i deres helt specielle form for spiritualitet.

Ingen kan bevise eller modbevise, at de unge mennesker ser noget i virkeligheden, men det har vist sig, at de budskaber, som den såkaldte Jomfru Maria kommer med i Medjugorje, de er næsten som skræddersyede til de politiske og religiøse behov, som de lokale katolikker i området har. Hver gang paven laver nye erklæringer, så har Maria i Medjugorje dem på programmet i sine åbenbaringer og man har på fornemmelsen, at der er lidt for stor sammenhæng mellem kirken og åbenbaringerne til at det virkelig kan være sandt.

26. 24 TIMER

Det har taget 24 timer at lave denne bog og det var et eksperiment. Jeg havde læst på internettet, at man kunne skrive en bog på 24 timer og derfor samlede jeg nogle mennesker, som ville være med til at afprøve denne påstand. Kunne det lade sig gøre, eller kunne det ikke lade sig gøre?

Og svaret, det har jeg nu. Det kan faktisk lade sig gøre, for jeg har nu skrevet over 20.000 ord, og det svarer til ca. 85 sider i A5-format med tekst i Times 11 pkt. Det er det format, som bøger sædvanligvis laves i, og derfor mener jeg at jeg kan konkludere, at man kan skrive en bog på 85 sider på en weekend, ja faktisk på præcis 24 timer. Og med i disse timer indgår søvn og en hel del pauser, for man kan naturligvis ikke holde ud at skrive ud i én lang køre i så lang tid. Det ville være umuligt og det ville sikkert også være skadeligt for ens fingre, hvis man forsøgte.

Rent faktisk har jeg fået lidt ondt i min venstre hånd, for jeg bruger åbenbart denne hånd anderledes end jeg bruger den højre. Jeg skriver med tifingersystemet og det går ganske hurtigt, men i den venstre arm føler jeg åbenbart en større belastning end godt er. Det skader formentlig ikke, når det kun drejer sig om så kort tid som jeg arbejder her, men hvis jeg skulle skrive mere og i længere tid, så ville det være et problem, at min venstre hånd ikke havde de nødvendige kræfter.

Jeg mener at eksperimentet er gået godt. Jeg var meget i tvivl da vi startede om jeg ville være i stand til at opretholde det tempo, som jeg vidste at jeg kunne skrive med i kortere perioder. Én ting er jo at skrive hurtigt i en halv time, noget andet er at skrive i samme hastighed i 20 perioder af samme længde. Det vidste jeg ikke om jeg ville kunne, men nu ved jeg det. Det kan jeg og det er jeg meget tilfreds med.

Hvad er så kvaliteten af det produkt, som kommer ud af en sådan skriveøvelse? Da jeg endnu ikke har læst min egen tekst, så vil det være for tidligt for mig at udtale mig. Men jeg har en fornemmelse, og den siger at teksten er formuleret nogenlunde flydende, at sproget er udmærket, men at temaerne, som teksten omhandler, ikke alle er lige spændende.

Det minder vist lidt om Paul Auster, som har jeg haft den blandede fornøjelse at læse en bog af. Og den bog syntes jeg ikke var særlig spændende. Den havde det samme sprog og den samme mangel på klar fokus, som teksterne i denne bog. Det betyder ikke at teksterne er dårlige, men det betyder nok, at jeg ikke forventer at de bliver udråbt som klassikere.

Men et godt omslag, en god titel og en god bagsidetekst, det kan redde selv den mest kedelige bog. Mange læsere læser slet ikke bogen, men kigger lidt i den og orienterer sig om dens indhold ved at læse indholdsfortegnelsen og den nævnte bagsidetekst. Måske skal jeg håbe at mine kommende læsere bruger denne bog på samme måde, men så alligevel nej. Den er ikke ringere end Paul Austers bog, det er min faste overbevisning. Og han er en verdensberømt forfatter fra Amerika. Når han kan skrive romaner i et rasende tempo, så kan jeg også skrive bøger i et tilsvarende tempo. Og jeg mener selv, at min tekst er lige så god som hans.

Men den er mere spændende, fordi den er udtryk for et litterært forsøg. Aldrig tidligere har man her i landet forsøgt sig med at skrive bøger på 24 timer og ingen ved med sikkerhed om det kan lade sig gøre. Men det kan det. Denne bog indeholder nu mere end 21.472 ord og der er ca. 250 ord på en

A5-side, så teksten fylder mindst 84 sider i trykt format. Det er en bog og den skal bare have et pænt omslag, så er den helt i orden.